全国职业院校汽车类专业工作手册式新形态教材

附微课视频

汽车空调
拆装与修理

中德诺浩（北京）教育科技股份有限公司 / 组编

吕丕华 / 主编

大连理工大学出版社

内容简介

本书是全国职业院校汽车类专业工作手册式新形态教材。全书分为十二个任务，包括空调系统保养、空调压缩机的拆装与更换、冷凝器与储液干燥器的拆装与更换、压缩机故障检查与修理、膨胀阀更换与制冷系统测漏、制冷剂的加注、空调控制系统电路拆画、电磁离合器及鼓风机控制电路检查与修理、冷凝器冷却风扇及其控制电路检查与修理、自动空调自诊断等内容。

本书可作为全国职业院校汽车类专业的教学用书，也可作为汽车售后服务企业相关技术人员与社会人士的培训参考用书。

本套教材由吕丕华主编，本书由张东杰负责编写。

图书在版编目(CIP)数据

汽车空调拆装与修理 / 中德诺浩（北京）教育科技股份有限公司组编 ． -- 大连 ： 大连理工大学出版社，2024.9

ISBN 978-7-5685-5008-6

Ⅰ．①汽… Ⅱ．①中… Ⅲ．①汽车空调－车辆修理－教材 Ⅳ．①U472.41

中国国家版本馆 CIP 数据核字（2024）第 109496 号

大连理工大学出版社出版
地址：大连市软件园路 80 号　　邮政编码：116023
发行：0411-84708842　　邮购：0411-84708943　　传真：0411-84701466
E-mail：dutp@dutp.cn　　　　URL：https://www.dutp.cn
大连天骄彩色印刷有限公司印刷　　　　大连理工大学出版社发行

幅面尺寸：210mm×285mm　　　印张：7.25　　　字数：203 千字
2024 年 9 月第 1 版　　　　　　2024 年 9 月第 1 次印刷

责任编辑：唐　爽　　　　　　　　　　责任校对：刘　芸
封面设计：张　莹

ISBN 978-7-5685-5008-6　　　　　　　　　　定　价：32.80 元

当前，我国处于由制造大国向制造强国、由人力资源大国向人力资源强国发展的重要时期，党和国家为此制定了一系列科教兴国、人才强国的战略措施。

在人才队伍中，工作在生产一线的技能型人才是重要基础。高素质技能型人才队伍是推动经济社会发展的重要保障，职业教育是培养高素质技能型人才的主要渠道。尽管世界各国国情不同，发展职业教育的条件、政策和具体措施各异，但无论是发达国家还是新兴工业化国家，都非常重视职业教育在培养高素质技能型人才中发挥的重要作用，把发展职业教育作为人力资源开发、振兴经济、增强国力的战略选择。

德国的职业教育水平处于世界领先地位。德国经济在世界金融危机中能依然稳健发展，与其因职业教育发达而拥有大量的高素质技能型人才是分不开的。完备的法律制度和各方面的高度重视，为德国的职业教育发展提供了有力保障。德国的双元制职业教育制度将劳动人事制度与教育制度有机地结合在一起。学校和企业都是培养人才的主体，并承担相应责任，学校和企业的教学计划、形式和内容虽各有侧重，但又相互联系，且均以工作任务为教学载体，将技能学习和训练、理论学习和运用有机结合，充分发挥学生在教学中的主体作用，着力培养学生承担社会责任的能力、独立发现和解决问题的能力，以及在实践中自主学习的能力。

改革开放以来，我国在借鉴国外先进职业教育经验方面取得了可喜成就。我国职业教育的对外交流与合作就是从借鉴和学习德国经验开始的，中德诺浩（北京）教育科技股份有限公司为此做了积极而有效的探索。

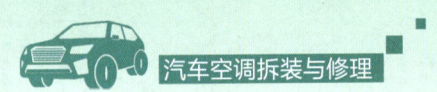

　　长期以来，该公司致力于引进德国的汽车职业教育资源，与德国手工业协会合作，在国内与以德国品牌为主的汽车合资企业和各类职业院校共同开展教育工作。经过多年的探索，结合我国国情，该公司成功引进德国汽车类专业职业教育的课程体系、教学素材和教学方法，并利用互联网手段进行了全方位本土化，在此基础上与 300 多所职业院校联手，为我国汽车维修企业培养了大批优秀人才。与此同时，该公司组织中德两国的汽车技术专家、经验丰富的维修技师和职业教育专家，共同编写了全国职业院校汽车类专业工作手册式新形态教材。这套教材以培养高技能人才为目标，内容选自实际操作，既原汁原味地吸纳了德国经验，又结合我国实际情况充实了教学内容，旨在推动我国汽车维修技能型人才的培养与世界接轨。我期待这套教材能在我国培养国际标准汽车高技能人才方面发挥重要作用，在中国由汽车大国向汽车强国迈进的征程中做出应有的贡献。

唐天标

　　（本序作者系第十一届全国人大常委会委员、第十一届全国人大教科文卫委员会副主任委员，中国人民解放军总政治部原副主任，上将军衔）

前言

职业教育是国民教育体系和人力资源开发的重要组成部分，肩负着培养多样化人才、传承技术技能、促进就业创业的重要职责。随着新型工业化的推进和科学技术的发展，现代职业教育体系已成为国家竞争力的重要支撑。为贯彻落实全国职业教育大会精神，推动现代职业教育高质量发展，加快构建现代职业教育体系，建设技能型社会，弘扬工匠精神，培养更多高素质技术技能人才，满足我国汽车产业迅猛发展对高端技术技能型汽车人才的需求，编者在总结多年来将德国汽车类专业职业教育中国本土化经验的基础上，编写了这套全国职业院校汽车类专业工作手册式新形态教材。

本套教材将理论基础和实践应用有机结合，在引领学生学习汽车专业知识的同时培养学生的实际操作技能，具有以下特点：

（1）以企业一线任务为引导，将理论知识与实践技能完美结合。

（2）教学任务有序化设计，从简单到复杂，循序渐进，不断深化。

（3）采用四色印刷，版面简洁清晰、主题明确、色彩清新。

（4）配有丰富的数字化教学资源，学生可通过扫描每个任务专属的二维码进行浏览和自学。

本套教材的编写充分发挥了学生的主体地位，优化了课堂设计，便于调动学生的学习积极性和主动性，还可培养学生的创新意识和创新能力。

本套教材是职业院校汽车类专业核心课程教材，也可供从事汽车研究、设计、制造、使用和维修的工程技术人员学习和参考。

尽管我们在探索教材特色方面做出了许多努力，但教材中仍可能存在一些不足，恳请广大读者批评指正，并将意见和建议反馈给我们，以便修订时改进。

编　者

目录

空调系统保养任务工单			
客户信息	姓名		电话
车辆信息	车型	VIN	行驶里程

客户描述

空调系统保养　☐　　　空调系统不制冷　☐　　　压缩机电磁离合器不接合☐

鼓风机不运转　☐　　　鼓风机运转不良　☐　　　空调系统机械损坏　☐

空调系统制冷效果差☐　　冷却风扇不运转　☐　　　冷却风扇运转不良　☐

制冷剂泄漏　　☐

其他：

＿＿＿＿＿＿＿＿＿＿＿＿＿＿＿＿＿＿＿＿＿＿＿＿＿＿＿＿＿＿＿＿＿＿

＿＿＿＿＿＿＿＿＿＿＿＿＿＿＿＿＿＿＿＿＿＿＿＿＿＿＿＿＿＿＿＿＿＿

车辆外观检查		车辆内部检查	
凹凸　☐		污渍　☐	
划痕　☐		破损　☐	
石击　☐		色斑　☐	
油漆　☐		变形　☐	

明确具体工作任务

＿＿＿＿＿＿＿＿＿＿＿＿＿＿＿＿＿＿＿＿＿＿＿＿＿＿＿＿＿＿＿＿＿＿

＿＿＿＿＿＿＿＿＿＿＿＿＿＿＿＿＿＿＿＿＿＿＿＿＿＿＿＿＿＿＿＿＿＿

＿＿＿＿＿＿＿＿＿＿＿＿＿＿＿＿＿＿＿＿＿＿＿＿＿＿＿＿＿＿＿＿＿＿

- 能够对车辆空调系统进行保养
- 能够使用适当工具完成车辆空调系统所有检查项目

- 汽车空调系统作用与组成
- 汽车空调系统检查内容与方法
- 汽车空调系统保养内容及方法

- 汽车空调系统的作用与组成
- 汽车空调系统的检查与保养方法

- 汽车空调系统的作用与组成
- 汽车空调系统的保养方法

一、知识讲解

（一）汽车空调系统的作用与组成

1. 汽车空调系统的作用

汽车空调系统是建立和保持驾驶室内的人工气候环境，保证驾驶室内驾乘人员健康和舒适，以及行车安全必不可少的系统。它的主要作用是对驾驶室内空气的温度、湿度和洁净度等参数进行调整，使车内空气清洁，温度适宜，满足驾驶员和乘客的舒适需求；并能预防或去除风窗玻璃上的水雾和霜雪等，保证驾驶员的视野开阔和行车安全，如图1-1所示。

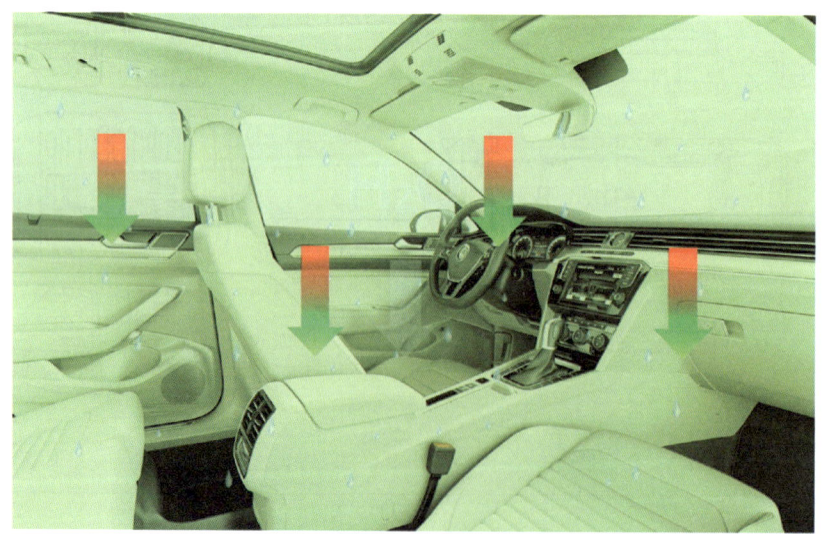

图 1-1　汽车空调系统的作用

2. 汽车空调系统的组成

汽车空调系统主要由制冷系统、暖风系统、控制系统、通风与空气净化系统等组成，如图1-2所示。

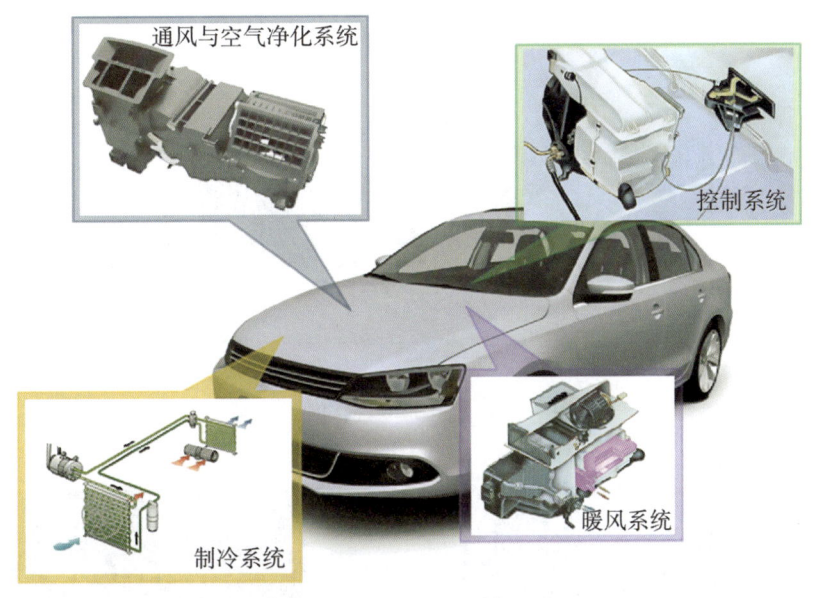

图1-2 汽车空调系统的组成

制冷系统的主要作用是将通风与空气净化系统引入驾驶室，为热空气降温，并带走其中的水分，从而降低驾驶室中空气的温度和湿度，如图1-3（a）所示。

暖风系统的作用与制冷系统相反，它是将通风与空气净化系统引入驾驶室，为空气加热，从而提高驾驶室内的温度，如图1-3（b）所示。

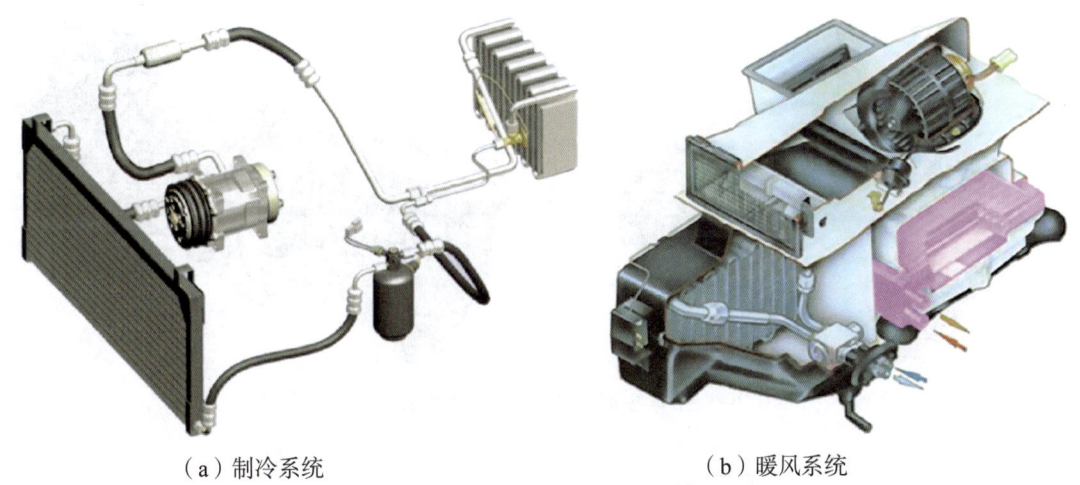

（a）制冷系统　　　　　　　　　　　　（b）暖风系统

图1-3 制冷系统与暖风系统

控制系统（图1-4）的主要作用是根据驾驶员或乘客意愿，对空调系统进行控制，从而实现调节驾驶室内空气温度与湿度及风窗玻璃除霜等功能。空调根据控制系统操作方式不同，分为自动空调和手动空调，它们的控制面板如图1-5所示。

通风与空气净化系统的主要作用是通过强制通风装置将车外的空气经过过滤净化后，送入驾驶室内部，并根据驾驶员的意愿对吹风模式进行调节，如图1-6所示。

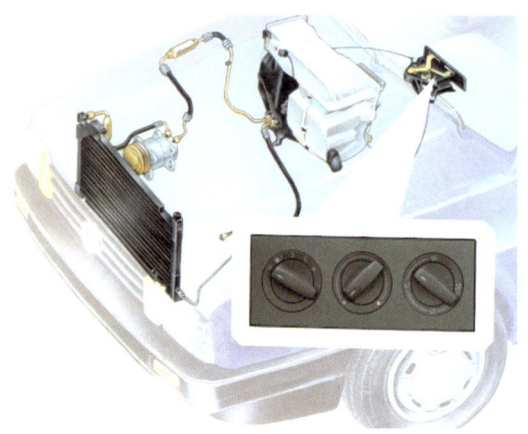

图 1-4 控制系统

（a）自动空调控制面板

（b）手动空调的控制面板

图 1-5 自动空调与手动空调控制面板

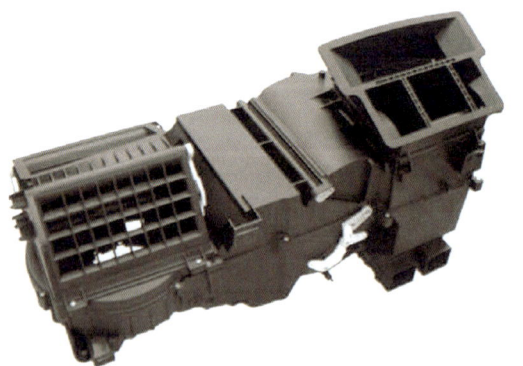

图 1-6 通风与空气净化系统

（二）汽车空调系统的检查与保养

1. 空调系统的检查

对空调系统进行检查时，重点检查空调系统各个功能是否正常。空调系统检查主要包括鼓风机检查、温度调节检查和出风口模式检查。

（1）鼓风机检查

将出风口模式调至"面部吹风"，打开鼓风机开关并依次在每个挡位停留，感觉面部出风口风量大小以判断鼓风机运转情况。

（2）温度调节检查

将鼓风机的风量调至最大风速挡，打开空调开关（A/C开关）并将出风口模式调节为"面部吹风"，将出风口温度计放入面部出风口，检测出风口温度。通过调节温度旋钮或拉杆，观察其在不同位置时出风口温度变化是否正常，并检测其最低温度是否合适。

（3）出风口模式检查

将鼓风机风量调至最大风速挡，旋转出风模式旋钮，使其依次在"除霜""除霜/脚部吹风""脚部/面部吹风""面部吹风"模式位置停留一段时间，检查对应出风口出风是否正常。

2. 空调系统的保养

（1）冷凝器的检查与清洁

冷凝器是空调制冷系统的重要组成部件，制冷系统通过它来散发驾驶室内的热量，从而保证其中的热量交换。它与发动机散热器的结构和工作原理相似，因此在对它进行保养时，应重点检查外部散热片是否产生变形和堵塞。若散热片已产生变形（图1-7（a）），则需要对其进行矫正；若有异物堵塞（（图1-7（b）），则应使用高压气体或喷雾从发动机舱向车辆正前方对其进行疏通，切不可直接采用高压水枪进行冲洗。

（a）产生变形的冷凝器散热片　　　　（b）被异物堵塞的冷凝器散热片

图1-7　产生变形和堵塞的冷凝器散热片

（2）空调进气滤芯的清洁与更换

空调进气滤芯简称为空调滤芯，是安装在空调通风系统鼓风机前端的空气净化装置，如图1-8所示。当开启车内室外循环模式时，外界的空气经过空调滤芯过滤后进入驾驶室，从而保证驾驶室空气的清洁。在对汽车进行保养时，应定期检查空调滤芯的清洁情况，在污染不严重的情况下，可以采用高压空气对其表面进行吹尘清理；若污染严重，则应更换。

图1-8 空调滤芯安装位置

二、任务准备

勾选完成本任务所需的物品。

扭力扳手	工具车	三件套	吹尘枪
万用表	工作灯	工具套件	抹布

温度计	工作台	零件车	台虎钳
卡簧钳	歧管压力表	制冷剂加注回收机	真空泵（两用）
电子检漏仪	荧光检漏仪	试灯	诊断仪
维修手册	空调滤芯		实训车辆

三、防护措施

　　1.进入车间应穿工鞋，戴工帽；工作服应整洁，无破损；操作时不可佩戴手表等金属饰品，以防划伤车辆表面。

　　2.启动车辆时，应通知其他人员远离车辆，注意安全。

　　3.更换后的零配件及油液应按规定进行回收处理。

　　观察下列操作图片，勾选出操作正确的图片。

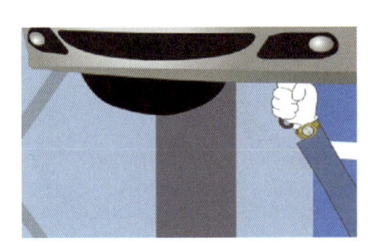
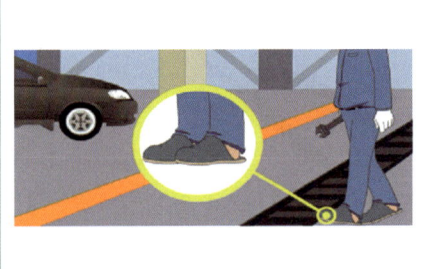

四、任务分配（表1-1）

表1-1　　　　　　　　　　　　　　　　任务分配

职务	成员	姓名	工作内容
组长	技师A		监督、管理组员工作
组员	技师B		准备实训所需辅料及零配件
	技师C		
	技师D		准备实训所需工具及手册
	技师E		

五、任务实施

（一）操作步骤

　　为表1-2中的操作步骤排序。

表 1-2 空调系统保养操作步骤

步骤	项目	工作内容
	安全防护及工作准备	（1）铺设三件套 （2）打开发动机舱盖，铺设翼子板布
	鼓风机检查	（1）坐进车内，并打开点火开关 （2）将出风口模式调至"面部吹风" （3）打开鼓风机开关，并依次在每个挡位停留，检查出风量的大小 （4）检查鼓风机在工作时是否存在异响
	温度调节检查	（1）将鼓风机调至最大风速挡位，打开空调开关并将出风口模式调节为"面部吹风"，将温度调节至最低温度 （2）使用出风口温度计测量出风口温度，低于10 ℃为正常 （3）调节温度旋钮，观察其在不同位置时出风口温度是否正常
	出风口模式检查	（1）将鼓风机调节至最大风速挡位，旋转出风模式旋钮，使其依次在"除霜""除霜/脚部吹风""脚部/面部吹风""面部吹风"位置停留一段时间，并检查在上述位置时出风是否正常 （2）打开出风口开关，检查其工作是否正常；调节出风口方向，检查其工作是否正常
	冷凝器检查与清洁	（1）检查冷凝器散热片是否变形，若产生变形，则需要对其进行矫正 （2）使用高压气体或喷雾对散热片进行疏通和清洁
	空调滤芯的清洁与更换	（1）拆卸右前挡风玻璃前侧的黑色饰板，并取下空调滤芯 （2）定期检查空调滤芯的清洁程度，在污染不严重的情况下，可以采用高压气体对其表面进行吹尘清理 （3）若空调滤芯污染严重，则更换新的空调滤芯
	整理	（1）撤去翼子板布并关闭发动机舱盖 （2）撤去三件套，整理工具，清理现场

（二）实施记录

将项目检查结果填写在表1-3中。

表 1-3 空调系统检查项目单

检查项目	检查结果		检查项目	检查结果	
鼓风机运转是否正常	是 □	否 □	温度调节是否正常	是 □	否 □
出风模式调节是否正常	是 □	否 □	出风口最低温度	_____℃	
冷凝器是否变形	是 □	否 □	空调滤芯	更换 □	除尘 □

六、检查

（一）自检

结合本组任务实施过程，对任务执行过程中的操作规范性进行检查，检查是否存在以下问题，分析、讨论应如何避免并总结规范的操作方法（表1-4）。

表 1–4   自检

检查项目	检查结果			
空调滤芯是否清洁或已更换	是 ☐		否 ☐	
空调滤芯安装是否到位	是 ☐		否 ☐	
冷凝器是否清洁	是 ☐		否 ☐	
点火开关是否关闭，车内有无遗留工具	是 ☐		否 ☐	

（二）互检

小组成员之间相互进行任务操作过程及结果检查，并将检查结果填写在表1-5中。

表 1–5   互检

检查项目	检查结果			
空调滤芯是否清洁或已更换	是 ☐		否 ☐	
空调滤芯安装是否到位	是 ☐		否 ☐	
冷凝器是否清洁	是 ☐		否 ☐	
点火开关是否关闭，车内有无遗留工具	是 ☐		否 ☐	

七、课堂小结

_____

_____

_____

微课动画

实操视频

任务二 空调压缩机的拆装与更换

空调压缩机的拆装与更换任务工单			
客户信息	姓名		电话
车辆信息	车型	VIN	行驶里程

客户描述	空调系统保养 ☐　　空调系统不制冷 ☐　　压缩机电磁离合器不接合 ☐ 鼓风机不运转 ☐　　鼓风机运转不良 ☐　　空调系统机械损坏 ☐ 空调系统制冷效果差 ☐　　冷却风扇不运转 ☐　　冷却风扇运转不良 ☐ 制冷剂泄漏 ☐ 其他： ✍ _____ _____ _____

车辆外观检查		车辆内部检查	
凹凸 ☐		污渍 ☐	
划痕 ☐		破损 ☐	
石击 ☐		色斑 ☐	
油漆 ☐		变形 ☐	

明确具体 工作任务	✍ _____ _____ _____

 　● 能够对空调压缩机进行拆装与更换

 　● 空调制冷系统的组成及工作原理
　● 空调压缩机的作用与安装位置
　● 空调压缩机的拆装方法

 　● 空调制冷系统的组成及工作原理
　● 空调压缩机的作用与安装位置
　● 空调压缩机的拆装方法

 　● 空调制冷系统组成及工作原理
　● 空调压缩机的拆装方法

一、知识讲解

（一）空调压缩机的作用

空调压缩机是空调制冷系统工作的动力源，为制冷剂循环提供动力，保证制冷系统正常运行。

1. 制冷系统的工作原理

制冷系统采用的是蒸发制冷的物理原理，利用制冷剂蒸发时吸收空气中的热量达到降温的目的。制冷系统主要由空调压缩机、冷凝器、储液干燥器、膨胀阀及蒸发器等组成，它们形成一个密闭空间，制冷剂在此密闭空间内部循环，如图2-1所示。

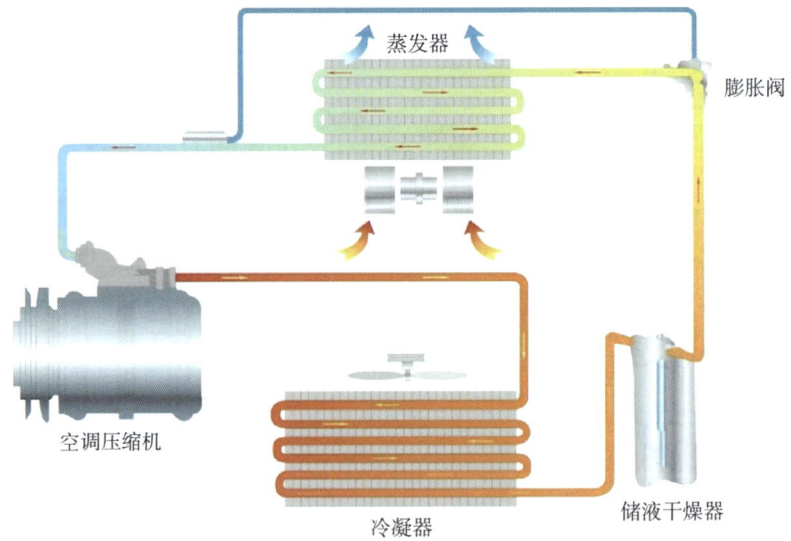

图 2-1　制冷系统的组成及工作原理

当制冷系统工作时，空调压缩机将蒸发器中的气态制冷剂加压抽送到冷凝器；在冷凝器中降温使高压气态制冷剂释放热量，变为液态或气液混合态制冷剂；经储液干燥器过滤后，纯液态的制冷剂流向膨胀阀。膨胀阀是一个开度很小的节流阀，高压液态制冷剂经过膨胀阀后，因空间迅速扩大，故压力降低，制冷剂开始气化蒸发，流向蒸发器并在蒸发器中完成蒸发过程。制冷剂在蒸发过程中会吸收蒸发器周围空气的热量，从而使经过蒸发器的空气变冷，起到降温的作用。

2. 空调压缩机对制冷系统的影响

从制冷系统的工作原理中不难看出空调压缩机在制冷系统中的重要作用，它与膨胀阀一起将整个制冷系统分为低压区和高压区两个部分。制冷剂在低压区完成蒸发过程并带走空气中的热量，再经空调压缩机压缩后到达高压区的冷凝器进行散热，如图2-2所示。

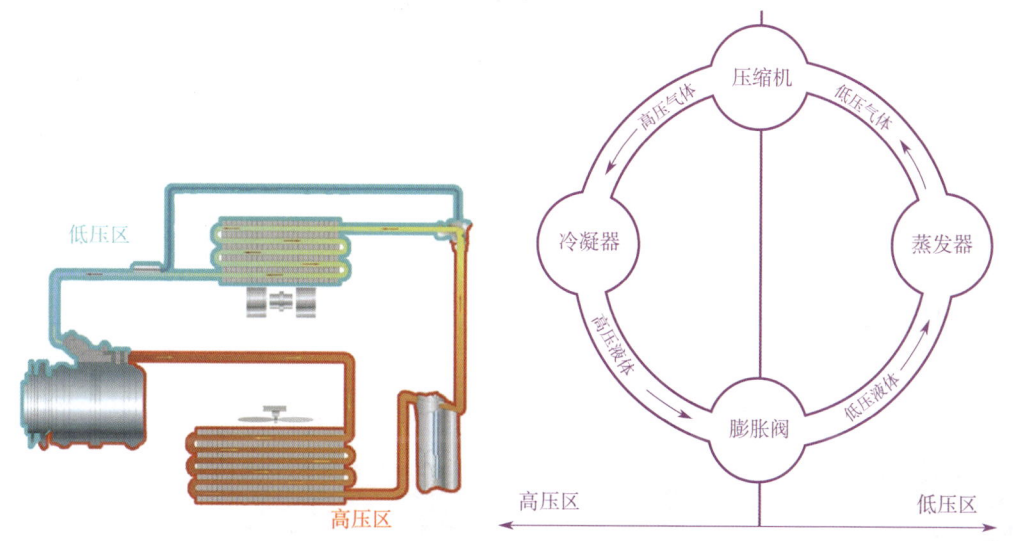

图 2-2　空调系统的高压区和低压区

空调压缩机是循环过程的动力源，也是空调系统运行的必要条件。因此如果空调压缩机出现问题，则高、低压区无法建立，这将导致制冷系统无法工作；即便是轻微的运行故障，也可能导致高、低压区的压差减小，影响制冷剂在低压区的蒸发效果，从而导致空调制冷不理想。

（二）空调压缩机的安装位置与拆装方法

1. 空调压缩机的安装位置

空调压缩机安装在发动机旁的支架上，如图2-3所示。压缩机与发电机和转向助力泵相同，都是由曲轴传动带驱动。唯一不同之处是，压缩机带轮与压缩机之间装有电磁离合器，压缩机的运转主要通过电磁离合器来控制。

2. 空调压缩机的拆装方法

（1）松开并拆下空调压缩机传动带。

（2）拆卸空调压缩机的高、低压管路接口，并使用抹布将其包裹住。

（3）拆下电磁离合器插接器。

（4）将空调压缩机从支架上拆下。

（5）按相反步骤进行安装。

图 2-3　空调压缩机安装位置

二、任务准备

勾选完成本任务所需的物品。

 扭力扳手	 工具车	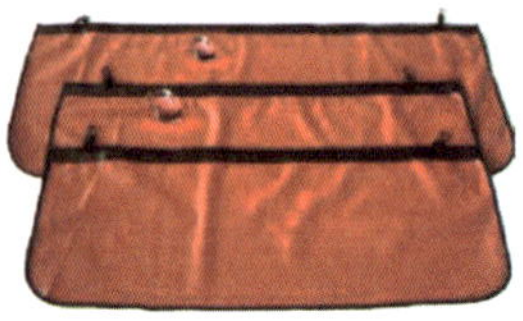 三件套	 吹尘枪
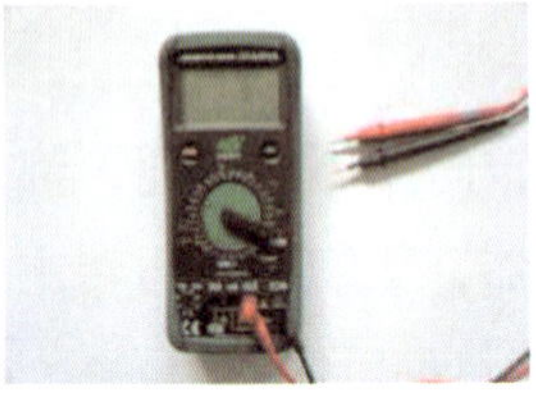 万用表	 工作灯	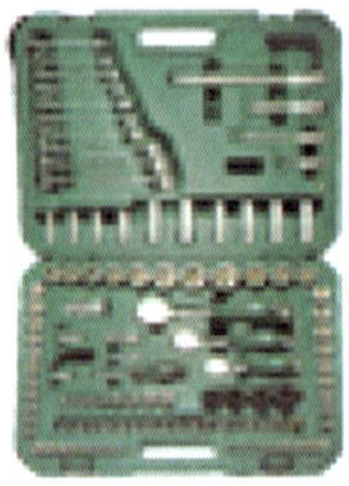 工具套件	 抹布

 温度计	 工作台	 零件车	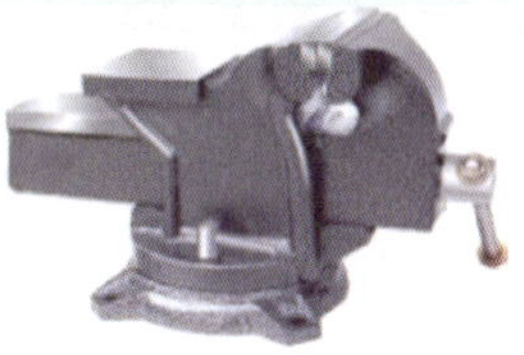 台虎钳
 卡簧钳	 歧管压力表	 制冷剂加注回收机	 真空泵（两用）
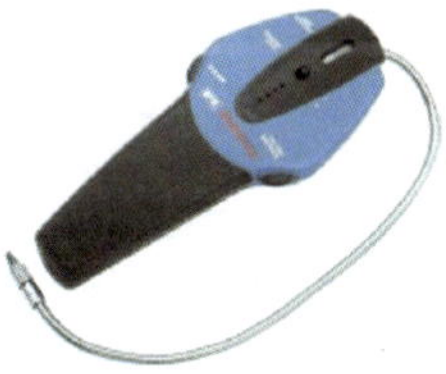 电子检漏仪	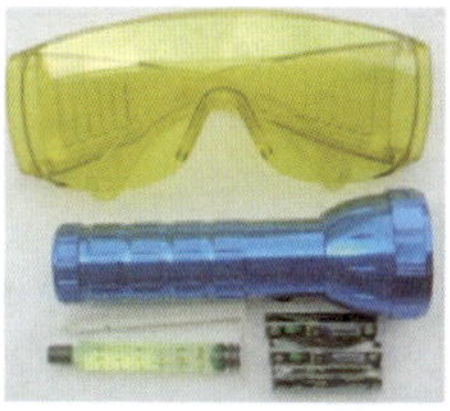 荧光检漏仪	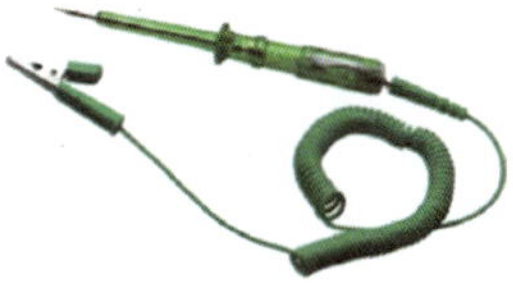 试灯	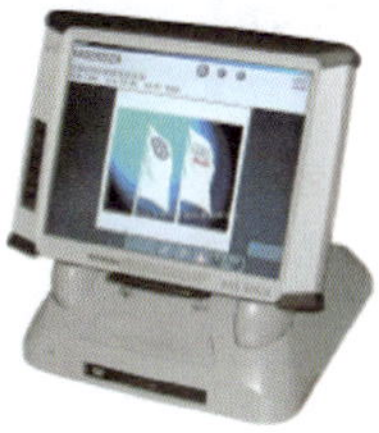 诊断仪
维修手册	空调压缩机	密封圈	

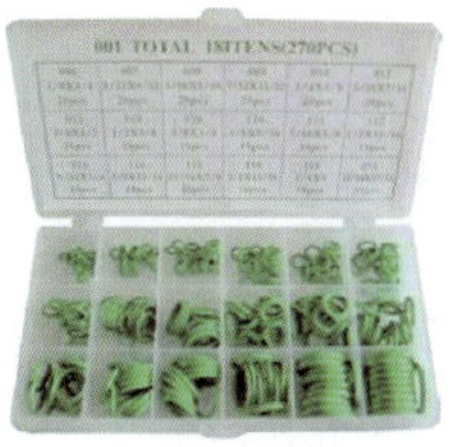

三、防护措施

1.进入车间应穿工鞋，戴工帽；工作服应整洁，无破损；操作时不可佩戴手表等金属饰品，以防划伤车辆表面。

2.启动或举升车辆时，应通知其他人员远离车辆或举升机，注意安全。

3.更换后的零配件及油液应按规定进行回收处理。

观察下列操作图片，勾选出操作正确的图片。

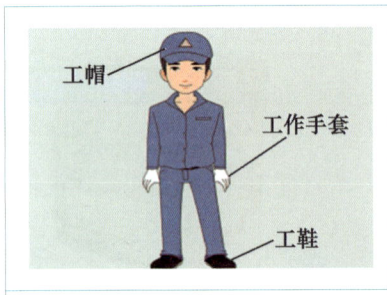	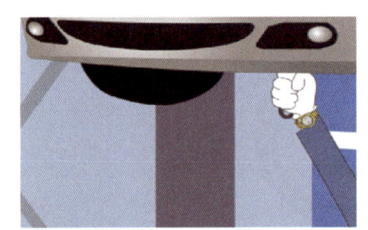	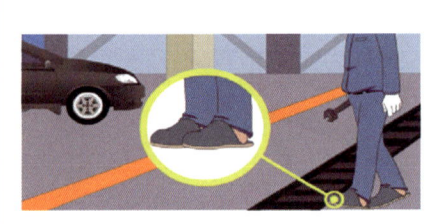

四、任务分配（表2-1）

表2-1　　　　　　　　　　　　　任务分配

职务	成员	姓名	工作内容
组长	技师A		监督、管理组员工作
组员	技师B		准备实训所需辅料及零配件
	技师C		准备实训所需辅料及零配件
组员	技师D		准备实训所需工具及手册
	技师E		

五、任务实施

（一）操作步骤

为表2-2中的操作步骤排序。

表2-2　　　　　　　　　　　　　　　　空调压缩机拆装与更换的操作步骤

步骤	项目	工作内容
	安全防护及工作准备	（1）铺设三件套 （2）打开发动机舱盖，铺设翼子板布 （3）在车下正确位置摆放举升臂
	回收或排空制冷剂，拆卸空气滤清器壳、传动带及发电机	（1）回收或排空制冷系统中的制冷剂 （2）使用专用卡簧钳拆卸空气滤清器壳卡簧，并取下空气滤清器壳 （3）使用15 mm呆扳手扳住涨紧器上方凸起并向下压，释放涨紧器压力，将传动带取出 （4）拆卸并取下发电机
	拆卸空调压缩机	（1）拆下机油尺套管，使用M10套管拆卸机油尺和冷却水管固定支架螺栓 （2）使用6 mm内六角扳手拆卸空调压缩机后方低压管路固定螺栓 （3）举升车辆，使用内六角扳手拆卸空调压缩机后方高压管路固定螺栓 （4）使用10 mm和8 mm套管拆卸助力泵下方塑料护板固定螺栓，并取下塑料护板 （5）使用16 mm套管拆卸空调压缩机下方固定螺栓 （6）降落车辆至合适位置，断开空调压缩机上方插接器，取下高、低压管 （7）使用16 mm套管拆卸空调压缩机上方固定螺栓，取出空调压缩机
	安装空调压缩机	（1）将空调压缩机安装在固定位置 （2）使用16 mm套管安装空调压缩机上方固定螺栓，并用扭力扳手以（25±2）N·m规定力矩拧紧 （3）举升车辆，使用16 mm套管安装空调压缩机下方固定螺栓，并用扭力扳手以（25±2）N·m规定力矩拧紧 （4）安装空调压缩机后方高压管，使用6 mm内六角扳手安装高压管路固定螺栓，并以（22±1）N·m规定力矩拧紧 （5）降落车辆，安装空调压缩机后方低压管，使用6 mm内六角扳手安装低压管路固定螺栓，并以（22±1）N·m规定力矩拧紧
	安装其他附件及收尾工作	（1）将发电机安装到发动机上 （2）安装发电机传动带 （3）安装发动机空气滤清器 （4）举升车辆，安装助力泵下方的塑料护板 （5）收拾、整理工具和三件套

（二）实施记录

查阅手册，填写表2-3中的螺栓紧固力矩。

表2-3　　　　　　　　　　　　　　　空调系统检查项目单

螺栓名称	紧固力矩	螺栓名称	紧固力矩
空调压缩机固定螺栓	＿＿＿＿＿＿ N·m	发电机固定螺栓	＿＿＿＿＿＿ N·m
空调压缩机高压管路固定螺栓	＿＿＿＿＿＿ N·m	空调压缩机低压管路固定螺栓	＿＿＿＿＿＿ N·m

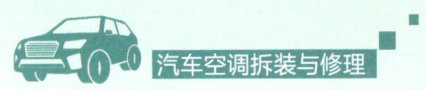
六、检查

（一）自检

结合本组任务实施过程，对任务执行过程中的操作规范性进行检查，检查是否存在以下问题，分析、讨论应如何避免并总结规范的操作方法（表2-4）。

表2-4   自检

检查项目	检查结果
各螺栓紧固力矩是否正确	是 □ 否 □
发电机传动带安装是否到位	是 □ 否 □
空气滤清器安装是否到位	是 □ 否 □

（二）互检

小组成员之间相互进行任务操作过程及结果检查，并将检查结果填写在表2-5中。

表2-5   互检

检查项目	检查结果
各螺栓紧固力矩是否正确	是□ 否□
发电机传动带安装是否到位	是□ 否□
空气滤清器安装是否到位	是□ 否□

七、课堂小结

微课动画

实操视频

冷凝器与储液干燥器的拆装与更换任务工单			
客户信息	姓名		电话
车辆信息	车型	VIN	行驶里程
客户描述	空调系统保养　☐　　　空调系统不制冷　☐　　　压缩机电磁离合器不接合☐ 鼓风机不运转　☐　　　鼓风机运转不良　☐　　　空调系统机械损坏　☐ 空调系统制冷效果差☐　　冷却风扇不运转　☐　　　冷却风扇运转不良　☐ 制冷剂泄漏　☐ 其他： ✐ _____ _____ _____		

车辆外观检查		车辆内部检查	
凹凸　☐		污渍　☐	
划痕　☐		破损　☐	
石击　☐		色斑　☐	
油漆　☐		变形　☐	

明确具体工作任务	✐ _____ _____ _____

 • 能够正确完成制冷系统冷凝器与储液干燥器的拆装与更换

 • 冷凝器的作用与结构
• 储液干燥器的作用与工作原理
• 冷凝器与储液干燥器的拆装与更换方法

 • 冷凝器的作用与结构
• 储液干燥器的作用与工作原理
• 冷凝器与储液干燥器的拆装与更换方法

 • 储液干燥器的工作原理
• 冷凝器与储液干燥器的拆装与更换方法

一、知识讲解

（一）冷凝器与储液干燥器

1. 冷凝器的作用与分类

冷凝器的主要作用是为经过空调压缩机高压压缩后的制冷剂降温，使制冷剂重新由气态变为液态。受外界环境温度等因素影响，对制冷剂降温，需要良好的散热条件，即良好的通风环境和冷凝器本身的散热能力。

为了使冷凝器散热效果良好，将冷凝器加工成与发动机冷却液散热器相似的结构，两者均由散热管路和散热片组成。根据其形状结构不同，冷凝器分为管带式、管片式和鳍片式3种，如图3-1所示。

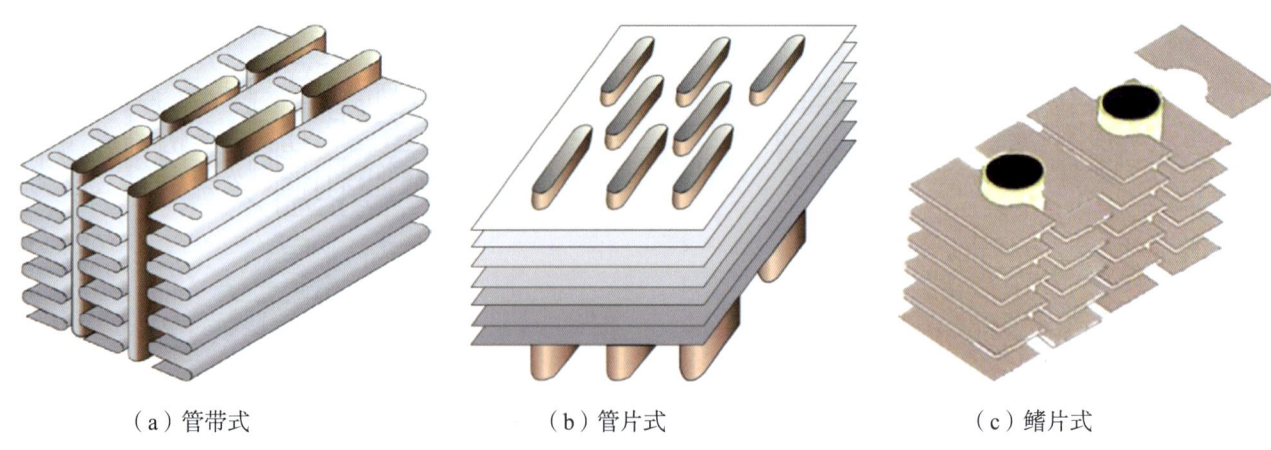

（a）管带式　　　　　　　　　（b）管片式　　　　　　　　　（c）鳍片式

图3-1　冷凝器的结构和分类

2. 储液干燥器的作用与工作原理

（1）储液干燥器的作用

由于冷凝器与发动机散热器安装在一起，且受到天气、车速等条件影响，冷凝器的散热效果有时并不十分理想，可能仍有部分制冷剂始终处于气态。为了保证流经膨胀阀的制冷剂都变为液态，在冷凝器与膨胀阀之间的高压管路上安装储液干燥器，如图3-2所示。

储液干燥器的主要作用是过滤管路中的气态制冷剂，保证流经膨胀阀的制冷剂都为液态；同时，储液干燥器中的干燥剂还有吸附水分的作用，防止制冷剂中的水分经过膨胀阀时冷却结冰，堵塞膨胀阀。

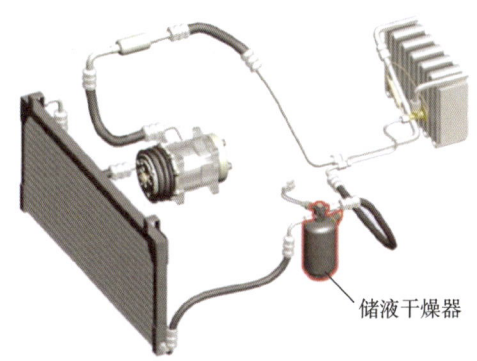

储液干燥器

图 3-2　储液干燥器在制冷系统中的位置

（2）储液干燥器的工作原理

储液干燥器主要由罐体、制冷剂进口、制冷剂出口、干燥剂和输液管等组成，如图3-3所示。干燥剂在储液罐中将储液罐分为上下两个腔体，与制冷剂出口相连的输液管穿过干燥剂直通储液干燥器底部。当制冷剂通过进口流入储液罐时，首先经过干燥剂，使干燥剂吸附其中的水分，防止水分在制冷剂中循环，然后通过储液罐底部的输液管口经输液管从储液干燥器的出口流出，如图3-4所示。

输液管的作用不只是输送干燥后的制冷剂，因为输液管的管口直接伸入底部液态制冷剂，所以它还能保证经输液管流出的制冷剂为液态。只有在制冷剂缺少等故障时，才会有气态制冷剂经输液管流出。

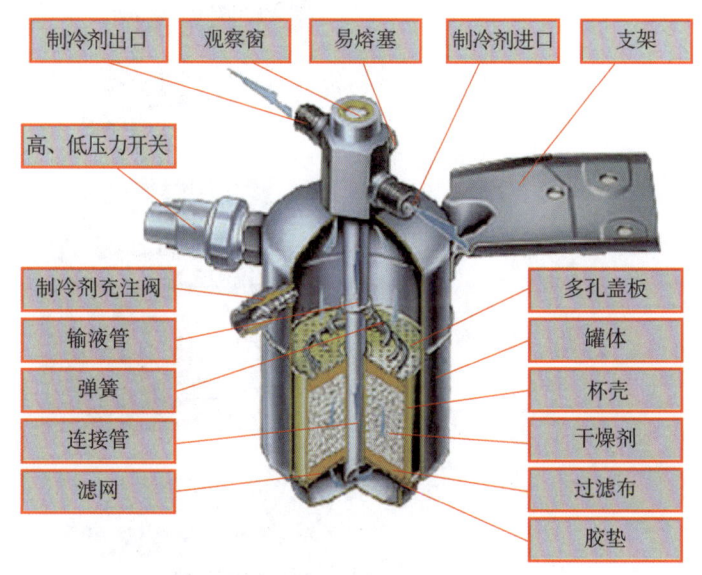

图 3-3　储液干燥器的结构

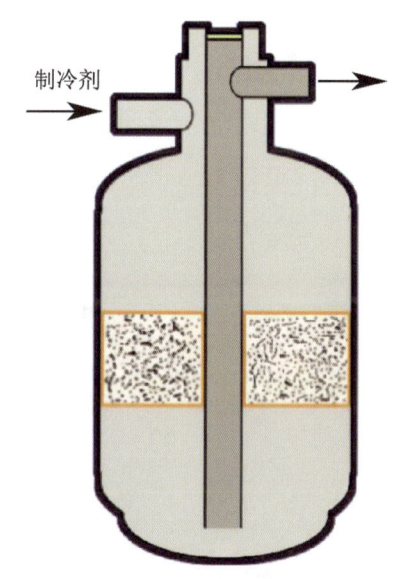

图 3-4　储液干燥器的工作原理

（二）冷凝器与储液干燥器的拆卸方法与步骤（表3-1）

表3-1 冷凝器与储液干燥器的拆卸方法与步骤

拆卸步骤	工作内容	图　　示
1	拆卸进气格栅	
2	拆卸保险杠外罩	
3	拆卸车灯	
4	拆下水箱框架	
5	拆下冷凝器与储液干燥器	

二、任务准备

勾选完成本任务所需的物品。

 扭力扳手	 工具车	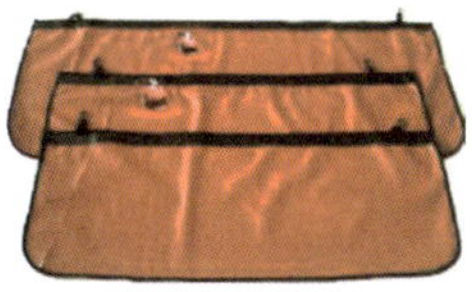 三件套	 吹尘枪
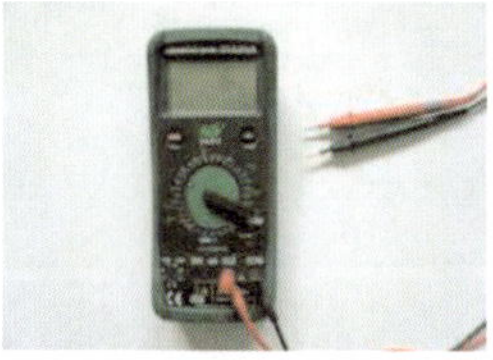 万用表	 工作灯	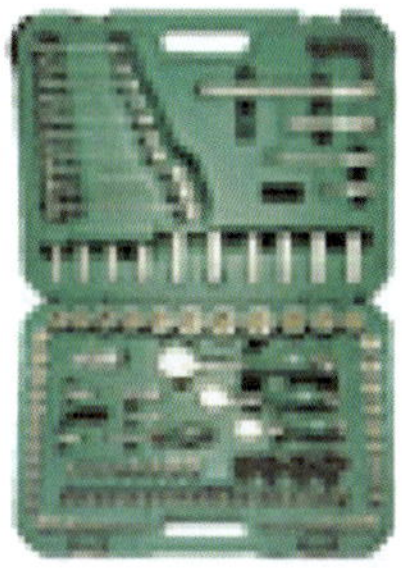 工具套件	 抹布
 温度计	 工作台	 零件车	 台虎钳

 卡簧钳	 歧管压力表	 制冷剂加注回收机	 真空泵（两用）
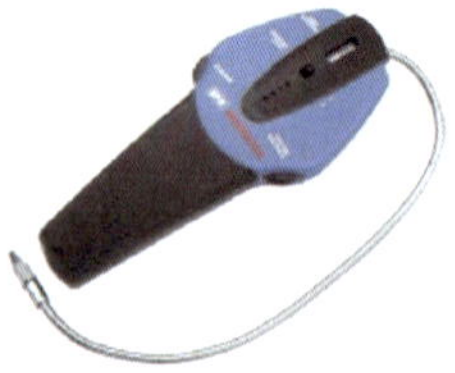 电子检漏仪	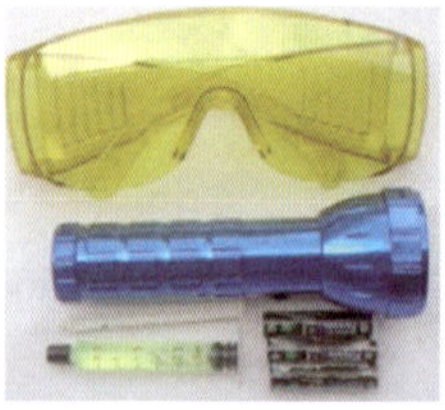 荧光检漏仪	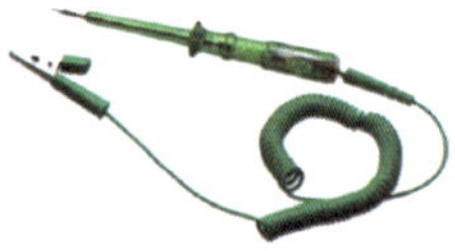 试灯	 诊断仪
 维修手册	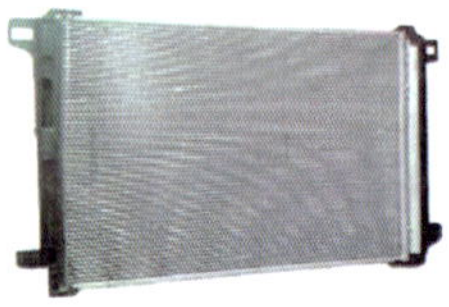 冷凝器	 储液干燥器	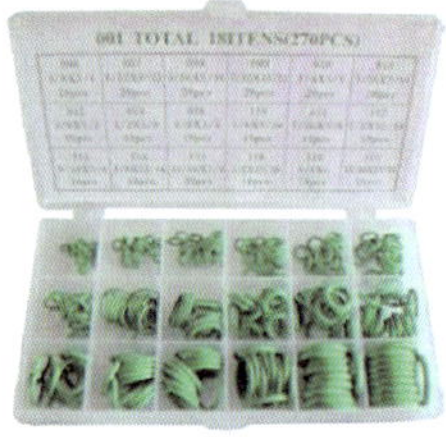 密封圈

三、防护措施

1.进入车间应穿工鞋，戴工帽；工作服应整洁，无破损；操作时不可佩戴手表等金属饰品，以防划伤车辆表面。

2.举升或降落车辆时，应通知其他人员注意安全，确保周围无人员后方可操作；车辆举升到合适位置时应落锁，确保支撑牢固。

3.安装时，储液干燥器必须是最后一个装入空调制冷系统的部件，而且在安装前才可将接口处的堵头去掉，以免含有水分的空气进入内部，造成储液干燥器的干燥效能下降。

观察下列操作图片，勾选出操作正确的图片。

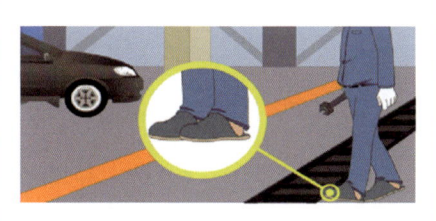

四、任务分配（表 3-2）

表 3-2　　　　　　　　　　　　　　　　　任务分配

职务	成员	姓名	工作内容
组长	技师 A		监督、管理组员工作
组员	技师 B		准备实训所需辅料及零配件
	技师 C		
	技师 D		准备实训所需工具及手册
	技师 E		

五、任务实施

（一）操作步骤

为表 3-3 中的操作步骤排序。

表 3-3　　　　　　　　　　　冷凝器与储液干燥器拆装与更换操作步骤

步骤	项目	工作内容
	安全防护及工作准备	（1）铺设三件套 （2）打开发动机舱盖，铺设翼子板布 （3）在车下正确位置摆放举升臂

续表

步骤	项目	工作内容
	拆卸前保险杠及前照灯	（1）使用T30扳手拆卸中网上3个固定螺栓，并取下中网 （2）将车辆升起至合适高度，使用10 mm套管拆卸前保险杠下部2个固定螺栓 （3）使用T30扳手拆卸前保险杠中间2个固定螺栓 （4）使用T20扳手拆卸前保险杠两侧翼子板固定螺栓，取下前保险杠 （5）使用T30扳手和10 mm套管拆卸前照灯固定螺栓，并断开前照灯后部插接器，取下前照灯
	拆卸冷凝器及储液干燥器	（1）使用10 mm套管拆卸散热器上部2个固定螺栓，并取下散热器固定支架 （2）使用10 mm套管拆卸散热器框架固定螺栓 （3）提起散热器框架，使用卡簧钳拆卸与散热器框架连接的线束卡子，断开发动机舱盖拉线及喇叭插接器，取下散热器框架 （4）使用19 mm和17 mm、22 mm和19 mm呆扳手分别拆卸冷凝器左下、右上2根连接空调的管路 （5）使用10 mm套管拆卸冷凝器左右2个固定螺栓及底部2个固定螺栓，取下冷凝器及储液干燥器
	安装冷凝器及储液干燥器	（1）将冷凝器安装至固定位置，并安装、紧固两侧及底部的固定螺栓 （2）更换冷凝器两侧管路密封圈，并在密封圈上涂抹冷冻机油，安装连接管路并将其紧固 （3）将散热器框架放置在安装位置，连接发动机舱盖拉线、喇叭插接器及线束卡子 （4）安装并紧固散热器框架固定螺栓 （5）安装散热器固定支架，并安装、紧固散热器上部固定螺栓
	安装前保险杠及前照灯	（1）将前照灯装至原位，连接后部插接器，安装并紧固固定螺栓 （2）将前保险杠装至原位，安装并紧固两侧翼子板固定螺栓 （3）安装并紧固前保险杠中间2个固定螺栓 （4）将车辆升起至合适高度，安装并紧固前保险杠下部固定螺栓 （5）安装前中网，安装并紧固固定螺栓
	整理	（1）关闭发动机舱盖 （2）撤去三件套，整理工具，清理现场

（二）实施记录

根据实际操作情况，填写表3-4。

表 3-4　　　　　　　　　　　　　　空调系统检查项目单

操作步骤	操作过程是否顺利		所遇问题	解决方法
拆卸前保险杠及前照灯	是 □	否 □		
拆卸冷凝器及储液干燥器	是 □	否 □		
安装冷凝器及储液干燥器	是 □	否 □		
安装前保险杠及前照灯	是 □	否 □		

六、检查

（一）自检

结合本组任务实施过程，对任务执行过程中的操作规范性进行检查，检查是否存在以下问题，分析、讨论应如何避免并总结规范的操作方法（表3-5）。

表 3-5   自检

检查项目	检查结果
各部件安装是否到位	是 □ 否 □
工具是否整理，现场是否清理	是 □ 否 □

（二）互检

小组成员之间相互进行任务操作过程及结果检查，并将检查结果填写在表3-6中。

表 3-6   互检

检查项目	检查结果
各部件安装是否到位	是 □ 否 □
工具是否整理，现场是否清理	是 □ 否 □

七、课堂小结

微课动画

实操视频

压缩机故障检查与修理任务工单		
客户信息 姓名		电话
车辆信息	车型	VIN	行驶里程

客户描述

空调系统保养 □　空调系统不制冷 □　压缩机电磁离合器不接合 □

鼓风机不运转 □　鼓风机运转不良 □　空调系统机械损坏 □

空调系统制冷效果差 □　冷却风扇不运转 □　冷却风扇运转不良 □

制冷剂泄漏 □

其他：

_____

_____

_____

车辆外观检查		车辆内部检查	
凹凸 □		污渍 □	
划痕 □		破损 □	
石击 □		色斑 □	
油漆 □		变形 □	

明确具体工作任务

_____

_____

_____

 ● 能够对空调压缩机进行拆解并检查

 ● 空调压缩机的结构组成及工作原理
● 空调压缩机的拆解与检查方法

● 空调压缩机的结构组成及工作原理
● 空调压缩机的拆解与检查方法

 ● 空调压缩机的工作原理
● 空调压缩机的拆解与组装

一、知识讲解

（一）空调压缩机的作用与工作原理

1. 空调压缩机的作用与分类

（1）空调压缩机的作用

空调压缩机的主要作用是将低压区蒸发器中的气态制冷剂输送到空调制冷系统高压区的冷凝器中，即空调压缩机是空调制冷系统工作的动力源。

（2）空调压缩机的分类

空调压缩机根据其结构和工作原理不同可分为曲柄连杆式、轴向活塞式和涡旋式等，如图4-1所示。

（a）曲柄连杆式 　　　　　　（b）轴向活塞式 　　　　　　（c）涡旋式

图4-1　空调压缩机的分类

2. 空调压缩机的结构组成与工作原理

（1）空调压缩机的结构组成

目前，车辆上大多数采用轴向活塞式空调压缩机。轴向活塞式空调压缩机又称斜盘式空调压缩机，主要由电磁离合器、驱动轴、传动斜盘、摇板、连杆、活塞、阀板、阀片、前端盖及后端盖等组成，如图4-2所示。

（2）空调压缩机的工作原理

当空调压缩机工作时，做圆弧摆动的摇板通过各缸连杆使各缸活塞做前后往复运动。活塞进气时，制冷剂蒸气推开进气阀片（图4-3（a））进入气缸；活塞排气时，制冷剂蒸气推开排气阀片（图4-3（b））排出气缸。

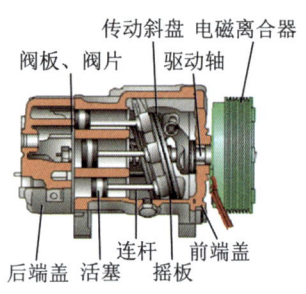

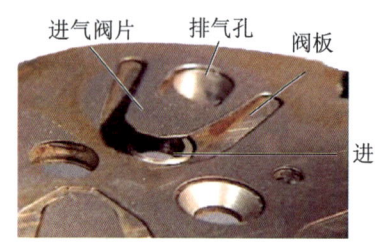

（a）进气阀片 　　　　（b）排气阀片

图 4-2　空调压缩机的结构组成 　　　图 4-3　空调压缩机的进气阀片和排气阀片

（二）空调压缩机的拆解与检查

1. 空调压缩机的拆解方法与步骤（表 4-1）

表 4-1　　　　　　　　　　空调压缩机的拆解方法与步骤

拆解步骤	工作内容	图　　示
1	拆下电磁离合器压盘固定螺栓及压盘	
2	拆下传动带轮及电磁离合器定子线圈	
3	拆下空调压缩机穿芯螺栓	
4	拆下空调压缩机后端盖与阀板	

续表

拆解步骤	工作内容	图　示
5	拆下冷凝器与储液干燥器	

2. 空调压缩机的检查与组装

（1）空调压缩机的检查方法与步骤（表4-2）

表 4-2　　　　　　　　　　空调压缩机的检查方法与步骤

检查步骤	工作内容	图　示
1	检查阀片	
2	检查驱动轴轴承及油封	

（2）空调压缩机的组装方法与步骤（表4-3）

表 4-3　　　　　　　　　　空调压缩机的组装方法与步骤

组装步骤	工作内容	图　示
1	安装空调压缩机前端盖	
2	安装空调压缩机阀板及后端盖，并使用穿芯螺栓紧固	

续表

组装步骤	工作内容	图示
3	安装电磁离合器定子线圈与传动带轮	
4	安装电磁离合器压盘，并使用固定螺栓紧固	

二、任务准备

勾选完成本任务所需的物品。

扭力扳手	工具车	三件套	吹尘枪
万用表	工作灯	工具套件	抹布

温度计	工作台	零件车	台虎钳
卡簧钳	歧管压力表	制冷剂加注回收机	真空泵（两用）
电子检漏仪	荧光检漏仪	试灯	诊断仪

三、防护措施

1.进入车间应穿工鞋，戴工帽；工作服应整洁，无破损；操作时不可佩戴手表等金属饰品，以防划伤车辆表面。

2.启动或举升车辆时，应通知其他人员远离车辆或举升机，注意安全。

3.更换后的零配件及油液应按规定进行回收处理。

观察下列操作图片，勾选出操作正确的图片。

四、任务分配（表4-4）

表4-4   任务分配

职务	成员	姓名	工作内容
组长	技师A		监督、管理组员工作
组员	技师B		准备实训所需辅料及零配件
	技师C		
	技师D		准备实训所需工具及手册
	技师E		

五、任务实施

（一）操作步骤

为表4-5中的操作步骤排序。

表4-5   空调压缩机故障检查与修理操作步骤

步骤	项目	工作内容
	排放冷冻机油	（1）使用16 mm套管拆卸空调压缩机壳体侧面加注孔固定螺栓 （2）将空调压缩机内部冷冻机油排放干净 （3）将空调压缩机前端盖安装架放置在台虎钳上锁紧 （4）安装加注孔固定螺栓，并使用16 mm套管紧固，紧固力矩为20 N·m

续表

步骤	项目	工作内容
	拆卸电磁离合器	（1）使用13 mm套管拆卸电磁离合器压盘固定螺栓 （2）使用专用工具将压盘拉出，取下压盘 （3）使用卡簧钳拆卸传动带轮弹性挡圈 （4）使用拉拔器将传动带轮拉出 （5）使用十字旋具拆卸电磁离合器线束固定螺栓，取下线束 （6）使用拉拔器将电磁离合器拉出
	拆解空调压缩机	（1）使用13 mm套管拆卸空调压缩机壳体上6个固定螺栓 （2）使用橡胶锤轻轻敲击后端盖，将后端盖拆下，并将阀板取出 （3）使用橡胶锤轻轻敲击空调压缩机驱动轴，将活塞组从前端盖取下 （4）将前端盖从台虎钳上取下
	检查空调压缩机内部元件	（1）检查空调压缩机内部阀板有无变形、断裂 （2）检查空调压缩机驱动轴轴承有无点蚀、过度磨损 （3）检查驱动轴油封有无老化、破损 （4）转动驱动轴，检查活塞与驱动轴是否运动自如
	换件、组装空调压缩机	（1）用新件替换空调压缩机内部故障元件 （2）将空调压缩机前端盖安装架放置在台虎钳上锁紧 （3）将阀板和活塞组安装在后端盖上 （4）安装驱动轴轴承 （5）使活塞组上的斜盘固定杆对准前端盖上的定位孔，将活塞组安装在前端盖上 （6）使用13 mm套管安装6个空调压缩机固定螺栓，紧固力矩为20 N·m
	安装电磁离合器	（1）将电磁离合器按原位置装回，使用橡胶锤敲击到位 （2）安装电磁离合器线束，并使用十字旋具安装固定螺栓 （3）将空调压缩机从台虎钳上取下，放置在压床上 （4）使用压床安装传动带轮，并使用卡簧钳安装传动带轮弹性挡圈 （5）安装电磁离合器压盘时，将压盘上的定位卡槽对准驱动轴上的定位卡槽；将定位销安装在驱动轴卡槽上，并装入压盘 （6）使用压床安装压盘 （7）将空调压缩机从压床上取下，使用13 mm套管安装并紧固压盘固定螺栓
	整理	（1）整理工具 （2）清理现场

（二）实施记录

根据操作内容及过程，填写表4-6。

表 4-6　　　　　　　　　　　　　　空调系统检查项目单

检查内容	进气阀片是否有损伤	排气阀片是否有损伤	驱动轴轴承是否有损伤	驱动轴油封是否有损伤
检查结果	是 □　否 □	是 □　否 □	是 □　否 □	是 □　否 □
处理措施				

其他项目	空调压缩机加油量	螺纹是否有机械损伤	壳体表面是否有裂纹	螺栓紧固力矩是否正确
	_____ mL	是 ☐　否 ☐	是 ☐　否 ☐	是 ☐　否 ☐

六、检查

（一）自检

结合本组任务实施过程，对任务执行过程中的操作规范性进行检查，检查是否存在以下问题，分析、讨论应如何避免并总结规范的操作方法（表4-7）。

表 4-7　　　　　　　　　　　　　　　　自检

检查项目	检查结果
空调压缩机组装是否完整	是 ☐　　　　否 ☐
空调压缩机是否已添加冷冻机油	是 ☐　　　　否 ☐

（二）互检

小组成员之间相互进行任务操作过程及结果检查，并将检查结果填写在表4-8中。

表 4-8　　　　　　　　　　　　　　　　互检

检查项目	检查结果
空调压缩机组装是否完整	是 ☐　　　　否 ☐
空调压缩机是否已添加冷冻机油	是 ☐　　　　否 ☐

七、课堂小结

微课动画

实操视频

任务五 膨胀阀更换与制冷系统测漏

膨胀阀更换与制冷系统测漏任务工单				
客户信息	姓名		电话	
车辆信息	车型	VIN		行驶里程
客户描述	空调系统保养　□　　　空调系统不制冷　□　　　压缩机电磁离合器不接合□ 鼓风机不运转　□　　　鼓风机运转不良　□　　　空调系统机械损坏　　□ 空调系统制冷效果差□　　冷却风扇不运转　□　　　冷却风扇运转不良　　□ 制冷剂泄漏　　□ 其他： ＿＿＿＿＿＿＿＿＿＿＿＿＿＿＿＿＿＿＿＿＿＿＿＿＿＿＿＿＿＿＿＿＿＿ ＿＿＿＿＿＿＿＿＿＿＿＿＿＿＿＿＿＿＿＿＿＿＿＿＿＿＿＿＿＿＿＿＿＿				

车辆外观检查		车辆内部检查	
凹凸　□		污渍　□	
划痕　□		破损　□	
石击　□		色斑　□	
油漆　□		变形　□	

明确具体工作任务	＿＿＿＿＿＿＿＿＿＿＿＿＿＿＿＿＿＿＿＿＿＿＿＿＿＿＿＿＿＿＿＿＿＿ ＿＿＿＿＿＿＿＿＿＿＿＿＿＿＿＿＿＿＿＿＿＿＿＿＿＿＿＿＿＿＿＿＿＿ ＿＿＿＿＿＿＿＿＿＿＿＿＿＿＿＿＿＿＿＿＿＿＿＿＿＿＿＿＿＿＿＿＿＿

 · 能够更换空调制冷系统膨胀阀
· 能够对空调制冷系统进行泄漏检查

 · 膨胀阀的作用与分类
· 膨胀阀的工作原理
· 膨胀阀的拆装及更换方法
· 空调制冷系统测漏方法

 · 膨胀阀的工作原理
· 膨胀阀的拆装及更换方法
· 空调制冷系统测漏方法

 · 膨胀阀的工作原理
· 空调制冷系统测漏方法

一、知识讲解

（一）膨胀阀的作用与工作原理

1. 膨胀阀的作用与分类

（1）膨胀阀的作用

膨胀阀是空调制冷系统的重要元件，也是制冷系统中高压与低压的分界点。它的主要作用是建立压力差，使制冷剂由液态转化为气态，并调节制冷剂的流量。

液态制冷剂在高压作用下流经膨胀阀，而膨胀阀的开口很小，对制冷剂产生节流作用，致使只有少部分制冷剂通过。制冷剂通过膨胀阀后，由于空间迅速增大，因此其压力降低，于是制冷剂开始蒸发，变为雾状液体，并因惯性流动至蒸发器，在蒸发器中完成整个蒸发过程。膨胀阀的作用如图5-1所示。

（2）膨胀阀的分类

膨胀阀根据其平衡方式不同可分为内平衡式和外平衡式两种；外平衡式膨胀阀根据其结构不同又分为F型（普通外平衡式）和H型，如图5-2所示。

2. 膨胀阀的工作原理

（1）内平衡式膨胀阀的工作原理

内平衡式膨胀阀主要由针阀、过热弹簧、膜片、推杆、毛细管、感温包等组成。针阀通过推杆与

膨胀阀上方的膜片相连，同时在针阀的下方由过热弹簧推动，使其向关闭位置移动。在膜片下方有一条通道与蒸发器进口相连，用于感知蒸发器进口处压力。膜片上方的封闭空间（充注饱和气体）通过毛细管与感温包相连。感温包则安装在蒸发器出口位置，用于感知蒸发器出口温度，如图5-3所示。

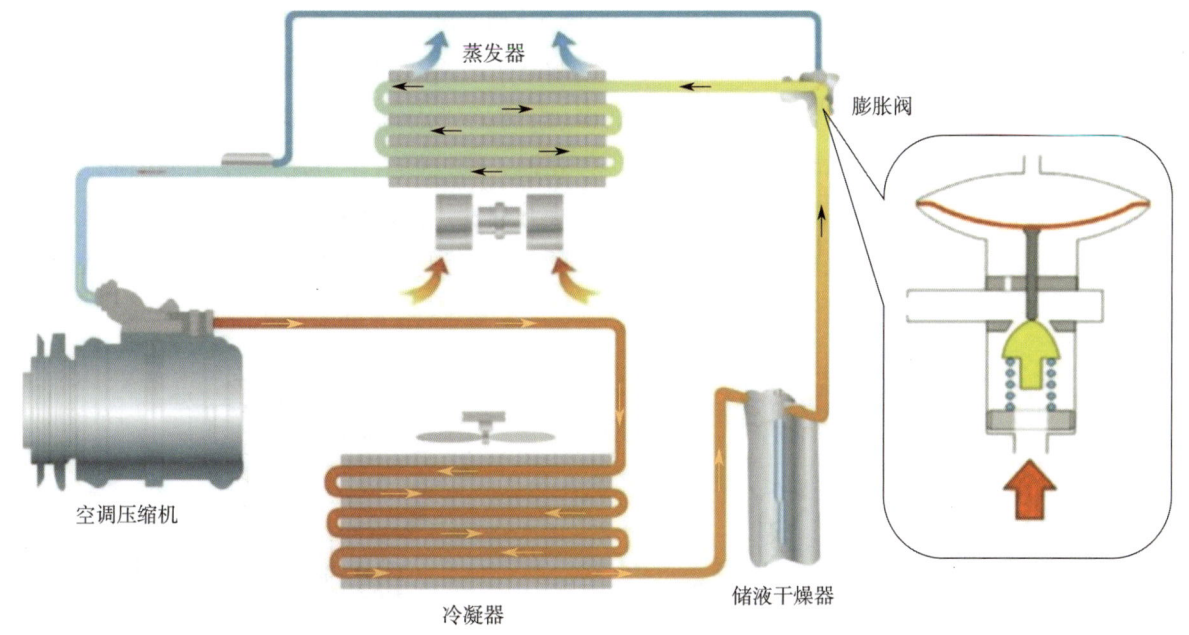

图 5-1 膨胀阀的作用

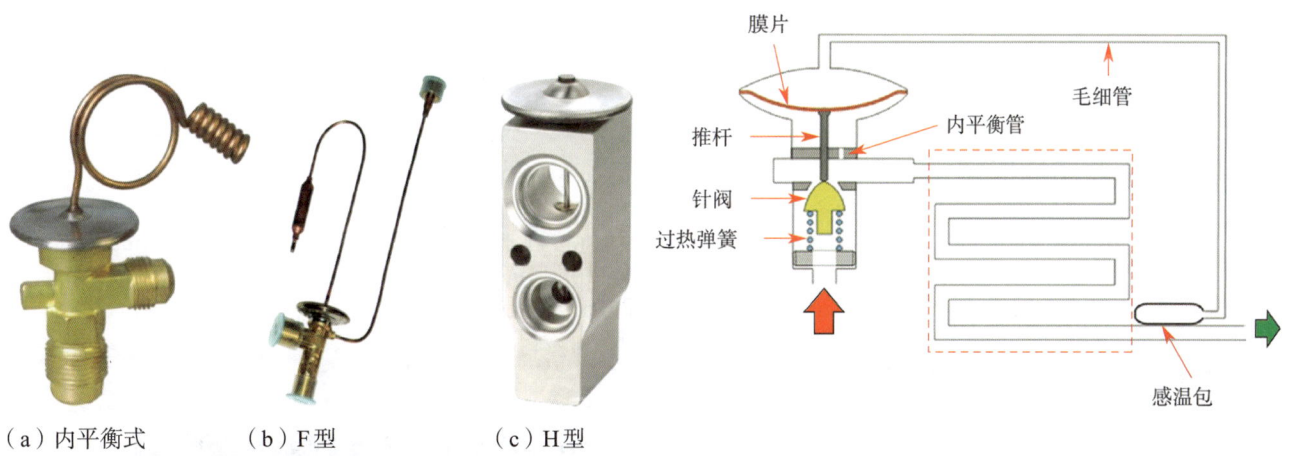

（a）内平衡式　　（b）F型　　（c）H型

图 5-2 膨胀阀的分类

图 5-3 内平衡式膨胀阀的结构原理

膨胀阀工作时，主要受到过热弹簧的弹力、膜片上方的压力及其下方的真空吸力作用。当打开空调压缩机时，压缩机使膜片下方压力减小，于是膜片上方的压力大于过热弹簧的压力，针阀开启增大，更多的制冷剂流入蒸发器并吸收热量，开始蒸发。若流入蒸发器的制冷剂过多，则蒸发器出口的制冷剂温度降低，感温包感知温度变化后，其中的饱和气体便会收缩，致使膜片上方的压力下降，在过热弹簧的作用下，针阀开启减小，使流向蒸发器的制冷剂减少。

（2）F型膨胀阀的工作原理

F型膨胀阀的构造和原理与内平衡式膨胀阀类似，不同之处是，F型膨胀阀的平衡管处于膨胀阀

外部并与蒸发器出口相连，通过检测蒸发器出口压力，提高膨胀阀对系统内部压力的反应灵敏度，如图5-4所示。

（3）H型膨胀阀的工作原理

H型膨胀阀因其内部结构犹如"H"而得名。如图5-5所示，蒸发器出口管路经过膨胀阀内部，并通过内平衡通道与膨胀阀膜片下方空间相通；膨胀阀膜片上方与推杆中间部分相通，并充入饱和气体（红色部分），通过推杆感知蒸发器出口处制冷剂的温度。当空调压缩机开始工作时，蒸发器出口的压力下降，由于膜片下方通过内平衡通道与蒸发器出口相通，因此膜片下方的压力随之下降，膜片在感温包内部饱和气体压力作用下向下移动，从而推动针阀开启。当蒸发器出口制冷剂温度过低时，感温包中的饱和气体受冷收缩，感温包内部压力下降，针阀在过热弹簧压力作用下向上关闭，从而减小制冷剂流量。

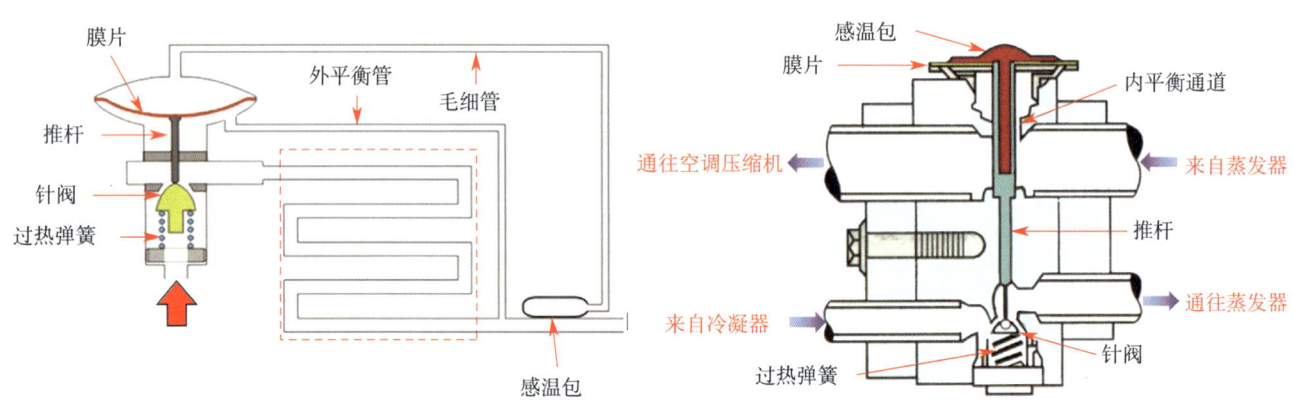

图5-4　F型膨胀阀的结构原理　　　　图5-5　H型膨胀阀的结构原理

（二）膨胀阀的拆装

1. 膨胀阀的拆卸方法与步骤（表5-1）

表5-1　　　　　　　　　　　　膨胀阀的拆卸方法与步骤

拆卸步骤	工作内容	图　示
1	拆下发动机进气总管和空气滤清器	

续表

拆卸步骤	工作内容	图　示
2	打开并拆下膨胀阀外部保温护壳	
3	松开并拆下发动机舱内的高、低压管路卡子固定螺栓，拆下高、低压管路	
4	拆卸膨胀阀与蒸发器连接口的固定螺栓，取下膨胀阀	

2. 膨胀阀的安装方法与步骤（表 5-2）

表 5-2　　　　　　　　　　膨胀阀的安装方法与步骤

安装步骤	工作内容	图　示
1	连接膨胀阀与蒸发器的高、低压管路	

安装步骤	工作内容	图　示
2	连接发动机舱内的高、低压管路至膨胀阀并将其紧固	
3	将外部保温护壳安装到膨胀阀上	
4	安装发动机进气总管与空气滤清器	

（三）空调系统的泄漏检查

1. 空调系统泄漏原因

（1）空调系统的正常泄漏

汽车空调制冷系统同家用空调相同，其制冷剂都是在密闭的空间中进行循环流动的。因此正常情况下，制冷剂不会产生泄漏。但在部分采用机械变排量压缩机的车辆中，制冷剂在压缩机内部通过变排控制阀的毛细管流入活塞背腔，在高压下会从压缩机轴承油封析出，从而产生正常的损耗，如图5-6所示。一般正常损耗为每年不大于制冷剂总量的5%。

（2）空调系统维护不当导致的泄漏

在空调正常使用过程中，维护不当、空调制冷系统压力过高（如制冷剂充注过多，系统中存在空气等）会导致系统产生泄漏。

另外，还应经常清理冷凝器表面，使其保持良好的通风、散热状态，否则也会因散热不好而使系统压力过高而产生泄漏。

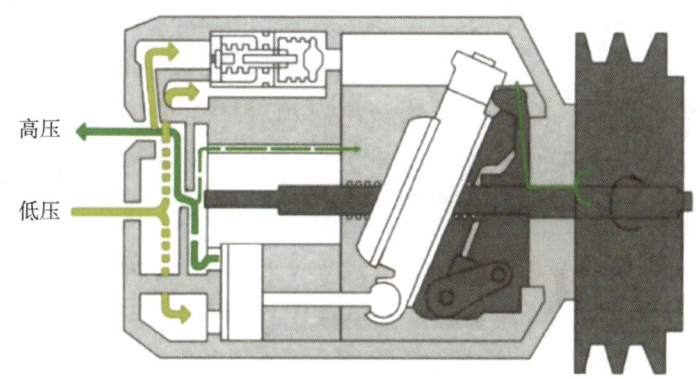

图 5-6　变排量空调压缩机制冷剂的正常泄漏

（3）空调系统维修操作不当导致的泄漏

在对空调制冷系统进行维修的过程中，应保证每个管路接口处密封良好。在更换密封圈时，要根据冷冻机油和制冷剂选择合适材质和大小的密封圈，否则会导致系统泄漏。另外，在对汽车其他部位进行维修时，也要尽量避免弯折空调制冷系统管路，空调软管应避开火源和尖锐物体，防止损坏。

2. 制冷系统测漏方法

空调制冷系统泄漏检查，通常采用泡沫检查法、荧光测漏检查法和电子检漏仪检查法等。

（1）泡沫检查法

泡沫检查法是使用真空泵与歧管压力表向制冷系统中充入压缩氮气（或空气），然后将肥皂水涂抹在疑似泄漏的部位或各个管路接口处，观察有无气泡产生，如图5-7所示。大多数维修站都采用此种方法检测空调制冷系统是否存在泄漏。

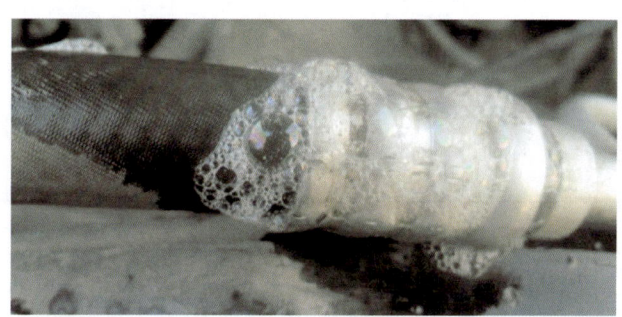

图 5-7　泡沫检查法

（2）荧光测漏检查法

荧光测漏检查法是将荧光液与制冷剂混合后一同充入空调系统内部。若空调系统存在泄漏，则在运行过程中，荧光液会同制冷剂一同从泄漏点排出，并残留在泄漏点附近，此时通过紫外线灯便可找出泄漏点，如图5-8所示。荧光液充入制冷系统，不影响空调的正常使用。

（3）电子检漏仪检查法

电子检漏仪又称为电子鼻，是用来检测空调制冷系统制冷剂泄漏的专用工具，具有方便快捷、操作简单的优点。

（a）注入荧光液

（b）检查泄漏点

图 5-8　荧光测漏检查法

使用电子检漏仪检测制冷剂泄漏前，需保证发动机舱内及所在工作环境的空气中没有人为造成的制冷剂残留，以保证检测数值的准确性。由于制冷剂密度大于空气，因此检测时只需将检测探头伸至管路接口下方或疑似泄漏点的下方即可，如图 5-9 所示。当检测到空气中有制冷剂时，电子检漏仪将根据所测制冷剂浓度的不同而发出不同的显示信号和声音信号。

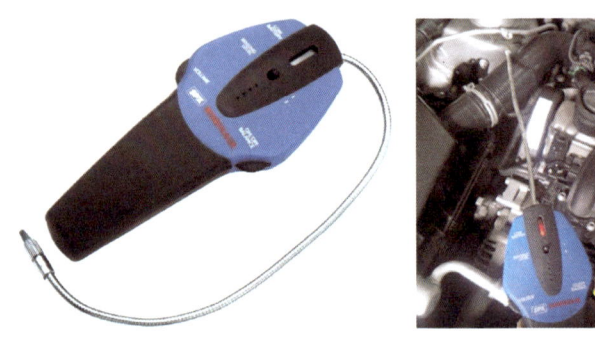

（a）电子检漏仪　　　　　　　　（b）检查泄漏点

图 5-9　电子检漏仪检查法

二、任务准备

勾选完成本任务所需的物品。

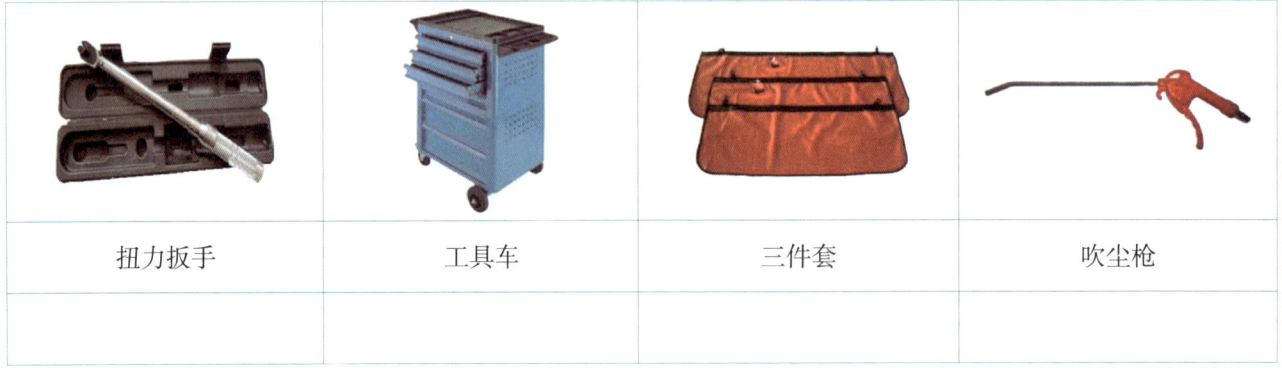

扭力扳手	工具车	三件套	吹尘枪

万用表	工作灯	工具套件	抹布
温度计	工作台	零件车	台虎钳
卡簧钳	歧管压力表	制冷剂加注回收机	真空泵（两用）
电子检漏仪	荧光检漏仪	试灯	诊断仪

三、防护措施

1.进入车间应穿工鞋，戴工帽；工作服应整洁，无破损；操作时不可佩戴手表等金属饰品，以防划伤车辆表面。

2.启动或举升车辆时，应通知其他人员远离车辆或举升机，注意安全。

3.更换后的零配件及油液应按规定进行回收处理。

观察下列操作图片，勾选出操作正确的图片。

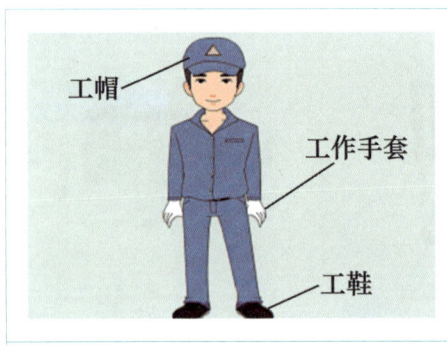	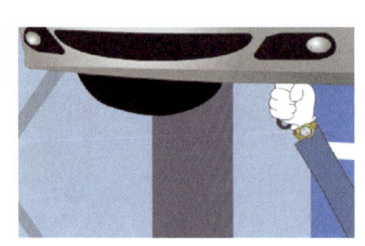	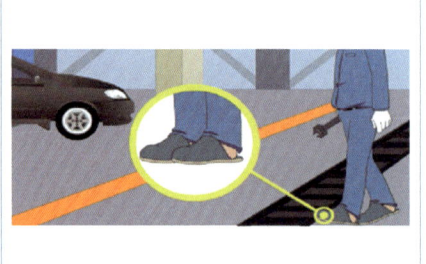

四、任务分配（表5-3）

表5-3　　　　　　　　　　　　任务分配

职务	成员	姓名	工作内容
组长	技师A		监督、管理组员工作
组员	技师B		准备实训所需辅料及零配件
	技师C		
	技师D		准备实训所需工具及手册
	技师E		

五、任务实施

（一）操作步骤

为表5-4中的操作步骤排序。

表 5-4   膨胀阀更换操作步骤

步骤	项目	工作内容
	安全防护及准备工作	（1）铺设三件套 （2）打开发动机舱盖，铺设翼子板布 （3）使用吹尘枪清洁发动机舱
	拆卸发动机护盖及空气滤清器壳	（1）使用十字旋具拆卸发动机护盖固定螺栓，并取下发动机护盖 （2）断开曲轴箱通风电磁阀插接器，拆卸空气滤清器壳固定橡胶圈 （3）使用卡簧钳拆卸曲轴箱通风管固定卡簧及空气滤清器壳固定卡簧，并取下空气滤清器壳
	拆卸膨胀阀	（1）扳开膨胀阀上的塑料护壳固定卡子，取下塑料护壳及泡沫护壳 （2）使用 5 mm 内六角扳手拆卸膨胀阀上高、低压管路固定螺栓，并取下高、低压管 （3）使用 3 mm 内六角扳手拆卸膨胀阀上 2 个固定螺栓，并将膨胀阀从蒸发器管路上取下
	安装膨胀阀	（1）更换蒸发器管路上的 2 个密封圈，并在密封圈上均匀涂抹冷冻机油 （2）将膨胀阀安装在蒸发器管路上，使管路插入膨胀阀，使用 3 mm 内六角扳手安装并紧固固定螺栓，紧固力矩为 5 N·m （3）更换高、低压管路上的密封圈，并在密封圈上均匀涂抹冷冻机油 （4）将高、低压管插进膨胀阀，使用 5 mm 内六角扳手安装并紧固固定螺栓，紧固力矩为 12 N·m （5）安装膨胀阀上的泡沫护壳及塑料护壳
	安装发动机护盖及空气滤清器壳	（1）将空气滤清器壳放至安装位置，注意需将曲轴箱通风管与进气管同时插入 （2）使用卡簧钳安装曲轴箱通风管及空气滤清器壳固定卡簧 （3）安装空气滤清器壳固定橡胶圈，并连接曲轴箱通风电磁阀插接器 （4）安装发动机护盖，并使用十字旋具安装、紧固固定螺栓

为表 5-5 中每个测漏方法的操作步骤排序。

表 5-5   制冷系统测漏操作方法及步骤

测漏方法	工作内容
泡沫检查法	（　）连接歧管压力表至空调高、低压连接口 （　）将中间加注管连接至真空泵打压接口 （　）确保系统内无制冷剂，向系统内打压 1.5 MPa （　）将肥皂水涂抹在疑似泄漏的部位或各管路接口处，观察有无气泡产生，若有气泡产生，则该部位存在泄漏；否则，系统正常
荧光测漏检查法	（　）抽真空后，将荧光液由中间加注管注入系统，并加注制冷剂 （　）启动发动机，并打开鼓风机及 A/C 开关，运行一段时间 （　）戴上专用眼镜，使用紫外线灯照射疑似泄漏的部位，若该部位呈荧光绿色，则存在泄漏；若无变化，则系统正常

测漏方法	工作内容
电子检漏仪检查法	（　）制冷剂加注完毕，启动发动机，并打开鼓风机及A/C开关，运行一段时间 （　）打开电子检漏仪开关，调节其灵敏度及音量 （　）将探头靠近疑似泄漏的部位 （　）若电子检漏仪发出声音信号，则该区域存在泄漏，并且探头越靠近泄漏部位，发出声音信号的频率越大；若电子检漏仪无反应，则系统正常

（二）实施记录

根据操作内容及过程，填写表5-6。

表5-6　　　　　　　　　　　膨胀阀更换及空调系统测漏项目单

膨胀阀拆装	拆装过程	拆装过程是否顺利		所遇问题及处理措施	备注
		是　□　否　□			
	标准	膨胀阀固定螺栓紧固力矩		高、低压管路固定螺栓紧固力矩	
		_____ N·m		_____ N·m	
泡沫检查法测漏		打压压力	保持时间	保持压力	泄漏点
		_____ MPa	_____ min	_____ MPa	

六、检查

（一）自检

结合本组任务实施过程，对任务执行过程中的操作规范性进行检查，检查是否存在以下问题，分析、讨论应如何避免并总结规范的操作方法（表5-7）。

表5-7　　　　　　　　　　　　　　　　自检

检查项目	检查结果
膨胀阀安装是否完整、到位	是　□　　　　否　□
空气滤清器安装是否到位	是　□　　　　否　□
系统是否存在泄漏	是　□　　　　否　□
工具是否整理，现场是否清理	是　□　　　　否　□

（二）互检

小组成员之间相互进行任务操作过程及结果检查，并将检查结果填写在表5-8中。

表5-8　　　　　　　　　　　　　　互检

检查项目	检查结果
膨胀阀安装是否完整、到位	是 ☐　　否 ☐
空气滤清器安装是否到位	是 ☐　　否 ☐
系统是否存在泄漏	是 ☐　　否 ☐
工具是否整理，现场是否清理	是 ☐　　否 ☐

七、课堂小结

微课动画

实操视频

制冷剂的加注任务工单			
客户信息	姓名		电话
车辆信息	车型	VIN	行驶里程
客户描述	空调系统保养 □　　鼓风机不运转 □　　空调系统制冷效果差□　　制冷剂泄漏 □ 其他： 	空调系统不制冷 □　　鼓风机运转不良 □　　冷却风扇不运转 □	压缩机电磁离合器不接合□　　空调系统机械损坏 □　　冷却风扇运转不良 □

车辆外观检查		车辆内部检查	
凹凸 □ 划痕 □ 石击 □ 油漆 □		污渍 □ 破损 □ 色斑 □ 变形 □	
明确具体工作任务			

- 能够使用制冷剂加注回收机对制冷剂进行回收和加注
- 能够使用歧管压力表进行制冷剂补充加注和完全加注
- 能够使用歧管压力表对冷冻机油进行加注

- 制冷剂的作用、分类与使用注意事项
- 冷冻机油的作用、分类与补充量
- 制冷剂加注回收机的使用方法
- 使用真空泵与歧管压力表加注制冷剂与冷冻机油的方法

- 制冷剂的分类及使用注意事项
- 制冷剂的加注方法

- 制冷剂加注回收机的使用
- 制冷剂的加注方法

一、知识讲解

（一）制冷剂

1. 制冷剂的作用

制冷剂又称冷媒，是空调制冷系统中负责热量传递的介质。现代轿车及家用空调广泛采用的制冷剂为氟利昂制冷剂，氟利昂是一种透明、无味、无毒、不易燃、不易爆、具有化学稳定性的制冷剂。不同化学组成和结构的氟利昂制冷剂热力学性质相差很大，可满足不同制冷温度要求，以适用于高温、中温和低温压缩机。

2. 制冷剂的分类

常用的氟利昂制冷剂有R12、R22、R502及R134a，其他型号的制冷剂目前已经停用或禁用。汽车空调制冷系统采用的氟利昂制冷剂为R12和R134a，如图6-1所示。

R12具有较好的热力学性能，冷藏压力较低，采用风冷或自然冷凝。R12的标准蒸发温度为−29 ℃，属于中温制冷剂，用于中小型活塞式汽车压缩机，可获得−70 ℃的低温。但因其排放到空气中的氯原子会对大气层中的臭氧层造成破坏，故目前逐渐被R134a所替代。

R134a是新型制冷剂，其蒸发温度为−26.5 ℃。它的主要热力学性质与R12相似，但其成分中不含氯原子，不会破坏臭氧层，是比较理想的R12替代制冷剂。在安全性能方面，它与R12一样，不易燃、不爆炸、无毒、无刺激性、无腐蚀性。

（a）R12　　　　　　　　　　（b）R134a

图6-1　常见汽车空调制冷剂

3. 制冷剂的使用注意事项

氟利昂对水的溶解度小，制冷装置中如果进入水分，则会产生酸性物质，并容易产生低温系统的"冰堵"，堵塞节流阀或管道，因此必须保证制冷系统的干燥。

R134a与天然橡胶在一起会产生化学反应，造成橡胶元件损坏，从而使系统密封性能不良，因此采用R134a的制冷系统不能使用天然橡胶元件进行密封，应采用丁腈橡胶做垫片或密封圈。

R134a与R12两种制冷剂的冷冻机油不能混用，因为这两种冷冻机油不相溶。

检修制冷系统时应戴好防护眼镜和防护手套，如图6-2所示。切忌让液态制冷剂接触皮肤，特别是手和眼睛，以免被冻伤。

（a）防护眼镜　　　　　　　　　（b）防护手套

图6-2　安全防护用具

R134a在高温下易生成有毒气体卤化氢，因此R134a应储存在阴凉、干燥处，且须保证室内通风良好，防止其在密闭环境下泄漏而引起人员缺氧窒息。

（二）制冷剂的加注

制冷剂加注分为完全加注和补充加注。完全加注包括制冷系统在维修、维护过程中所有需要重新加注制冷剂的情况；补充加注则是指因制冷系统中制冷剂缺少所进行的补充。

1. 加注前的准备工作

（1）抽真空

在对制冷系统维修完毕后，为防止残留在系统内部的空气和水分对制冷系统工作造成影响，在加注制冷剂前应对制冷系统内部进行抽真空操作，以排除制冷系统中残留的空气和水分。抽真空后应使系统保持真空状态5~10 min，并观察压力表变化情况（有无压力回升），以此判断系统是否存在泄漏，如图6-3所示。

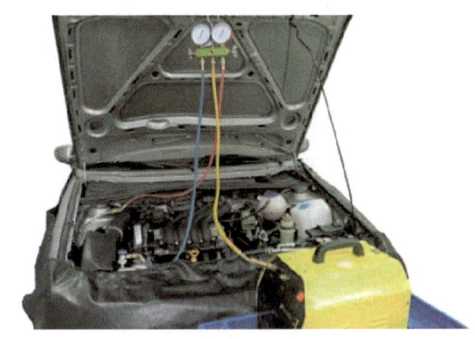 

（a）对制冷系统抽真空　　　　　　　　（b）观察压力表变化情况

图6-3　抽真空

（2）补加冷冻机油

由于制冷系统中的冷冻机油会随着制冷剂进行循环，被更换的制冷系统部件中都会存有部分冷冻机油，因此对制冷剂进行加注前应先补充加注冷冻机油。冷冻机油及其在制冷系统各部件中的残留量百分比如图6-4所示。

 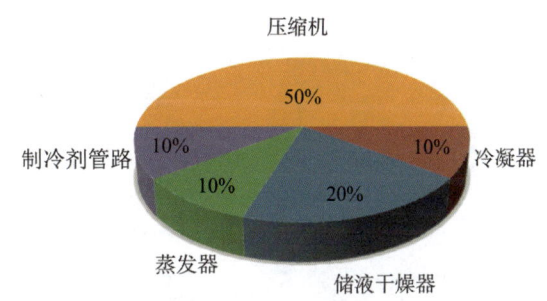

（a）冷冻机油　　　　　　　（b）冷冻机油在制冷系统各部件中的残留量百分比

图6-4　冷冻机油及其在制冷系统各部件中的残留量百分比

冷冻机油应根据所换部件中可能存在的油量进行相应的补充加注。一般情况下，大部分冷冻机油仍留在压缩机内部，约占系统中冷冻机油总量的50%；储液干燥器中存留的冷冻机油约占总量的20%；制冷剂管路、蒸发器和冷凝器中存留的冷冻机油各占总量的10%。冷冻机油的总量可通过维修手册（或保养手册）查询。

2. 制冷剂加注回收机的使用方法

现在市面上所采用的汽车空调制冷剂加注回收机种类繁多，如图6-5所示，但其基本原理和操作方式大致相同，都具有回收、抽真空、加注3个功能。

（1）使用制冷剂加注回收机回收制冷剂

回收制冷剂时，首先使用连接软管将加注回收机上的高、低压接口分别与空调制冷系统的高、低压维护接口相连接，并打开设备上的高、低压表阀门，然后打开回收阀门，按下回收开关。此时回收、再生过程开始，回收开关指示灯亮。在此过程中，从系统中回收的制冷剂质量会在电子秤数字显示器上显示出来，单位为kg（若机器上带有电子秤开关，则应在回收开始前开启电子秤）。回收的同时，制冷剂加注回收机会自动将制冷剂中的冷冻机油分离出来，并排放到设备后方带刻度的回油瓶中。

（2）使用制冷剂加注回收机对制冷系统抽真空

连接制冷剂加注回收机与空调制冷系统的高、低压管路，并按下设备上的真空泵开关，开关按钮亮起。旋动定时器旋钮选择抽真空时长，真空泵开始运转，对制冷系统抽真空。定时器停止时，真空泵自动停机。也可在制冷剂回收时便按下设备上的真空泵开关，并设定好抽真空时长，此时真空泵不会工作。当回收工作结束，再次按下回收开关，回收功能关闭后，真空泵便会自动进入抽真空功能。

（3）使用制冷剂加注回收机对冷冻机油进行加注

在回油瓶中检查从系统中过滤出的废油量，系统所需的冷冻机油加注量一般按"废油量+50 mL"来计算，或者按设备供应商推荐的数值或经验值加注。打开设备高、低压阀门，缓慢打开加油瓶上的球阀，新冷冻机油即可被吸入系统，达到所需量时关闭球阀，完成加油过程。

（4）使用制冷剂加注回收机对制冷剂进行加注

按下制冷剂加注回收机上质量显示区域下方的"清零"按钮，使质量显示清零。然后打开回收机上的加注阀门，并打开高、低压表阀门，回收机开始对制冷剂进行加注，此时应注意观察回收机上的质量显示变化，加注到符合供应商推荐值时停止加注。

  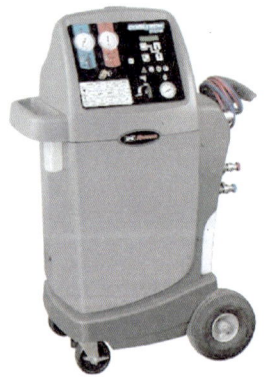

图6-5　制冷剂加注回收机

3. 使用歧管压力表加注制冷剂的方法

（1）使用歧管压力表与真空泵对制冷系统抽真空

①分别将歧管压力表高、低压管的快速接头与空调制冷系统的高、低压管连接。

②将歧管压力表中间黄色的维护管与真空泵的吸气口连接。

③打开歧管压力表的高、低压阀门和维护管前端的阀门，并启动真空泵。

④连续抽真空15 min以上，关闭歧管压力表的手动阀和真空泵，停置5～10 min后，对系统进行真空检漏。

⑤若系统不存在泄漏，则继续抽真空20～30 min，关闭歧管压力表手动阀，关闭真空泵，抽真空

工作结束。

（2）使用歧管压力表对制冷系统进行加注

①连接维护管接口与制冷剂储液罐，并打开制冷剂储液罐阀门。

②先打开高压阀门，使制冷剂从高压侧充入制冷系统。

③观察歧管压力表中间的观察孔及高、低压表指针变化，当制冷剂不再向高压侧流动时，关闭歧管压力表的高压阀门。

④启动车辆并打开空调将温度调至最低，运行2 min后，缓慢打开歧管压力表的低压阀门，并观察高、低压侧的压力变化。

⑤当歧管压力表高、低压侧压力合适，且出风口有冷风吹出时，关闭歧管压力表低压侧阀门，然后关闭制冷剂储液罐阀门，取下歧管压力表。

二、任务准备

勾选完成本任务所需的物品。

扭力扳手	工具车	三件套	吹尘枪
万用表	工作灯	工具套件	抹布

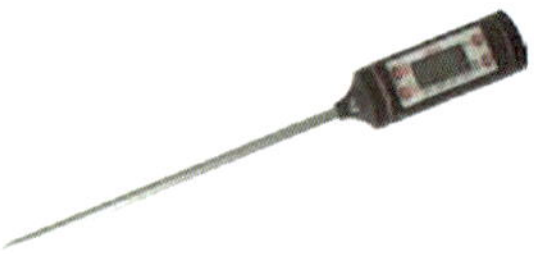 温度计	 工作台	 零件车	 台虎钳
 卡簧钳	 歧管压力表	 制冷剂加注回收机	 真空泵（两用）
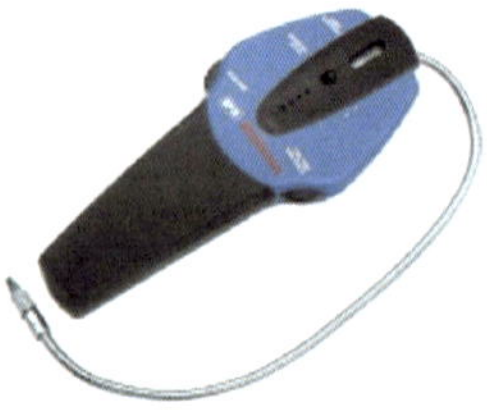 电子检漏仪	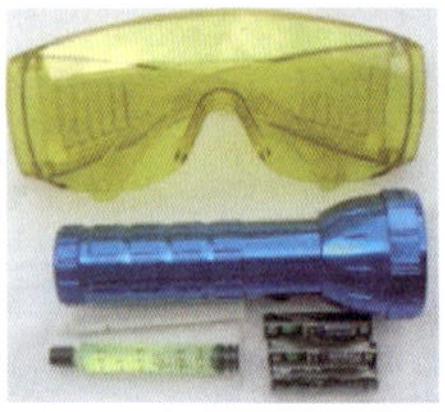 荧光检漏仪	 试灯	 诊断仪

三、防护措施

　　1.进入车间应穿工鞋，戴工帽；工作服应整洁，无破损；操作时不可佩戴手表等金属饰品，以防划伤车辆表面。

　　2.使用歧管压力表加注冷冻机油后，必须进行二次抽真空，方可进行制冷剂加注。

　　3.更换后的零配件及油液应按规定回收处理。

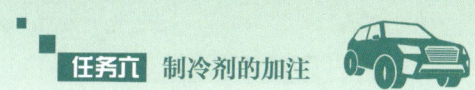

识别下列操作图片，勾选出操作正确的图片。

	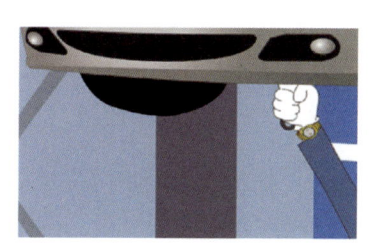	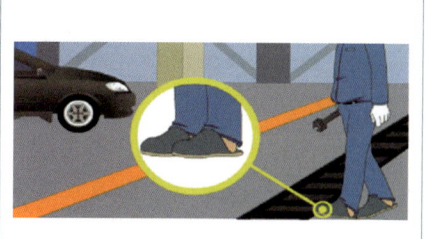

四、任务分配（表6-1）

表6-1　　　　　　　　　　　　　　　任务分配

职务	成员	姓名	工作内容
组长	技师A		监督、管理组员工作
组员	技师B		准备实训所需辅料及零配件
	技师C		
	技师D		准备实训所需工具及手册
	技师E		

五、任务实施

（一）操作步骤

为表6-2、表6-3中的操作步骤排序。

表6-2　　　　　　　　　使用制冷剂加注回收机加注制冷剂操作步骤

步骤	项目	工作内容
	安全防护及准备工作	（1）铺设三件套 （2）打开发动机舱盖，铺设翼子板布 （3）使用吹尘枪清洁发动机舱

步骤	项目	工作内容
	连接制冷剂加注回收机并抽真空	（1）将制冷剂加注回收机高、低压管路接头与空调管路相连接 （2）按下真空泵开关，并打开高、低压阀门，抽真空 15 min 以上 （3）抽真空结束后，关闭高、低压阀门，关闭真空泵
	静态加注制冷剂	（1）查阅维修手册，获取制冷剂加注量 （2）打开制冷剂储液罐阀门，打开高、低压开关，打开加注阀门，开始加注制冷剂，加注时注意观察回收机上制冷剂的质量显示变化 （3）当回收机制冷剂质量显示不再变化时，关闭高、低压阀门
	动态加注制冷剂	（1）启动发动机，打开鼓风机开关并将风量调节至最大，打开 A/C 开关，将温度调节至最低 （2）打开低压侧阀门，继续加注制冷剂，并观察制冷剂的质量显示变化 （3）额定量的制冷剂加注完毕后，关闭高、低压阀门，关闭加注阀门，关闭制冷剂储液罐阀门 （4）使用出风口温度计测量出风口温度，低于 10 ℃为正常 （5）关闭制冷剂加注回收机电源开关，拆卸高、低压管路接头，并安装高、低压接口防尘帽
	整理	（1）整理制冷剂加注回收机，并将其放回原来位置 （2）撤去翼子板布并关闭发动机舱盖 （3）撤去三件套，整理工具，清理现场

表 6-3　　　　　　　　　　　　　使用歧管压力表加注制冷剂操作步骤

步骤	项目	工作内容
	抽真空	（1）拆卸真空泵打压侧，同时打开压力表高、低压侧开关，释放系统压力 （2）将加注管连接至真空泵抽真空接口 （3）打开真空泵开关，抽真空 15 min 以上 （4）观察压力表的压力变化，关闭压力表高、低压侧开关，关闭真空泵开关，抽真空结束
	检漏	（1）连接歧管压力表至空调高、低压连接口（红色连高压，蓝色连低压），旋动开关，顶开针阀，将中间加注管连接至真空泵打压接口 （2）将压力表高、低压侧开关全部打开 （3）连接真空泵电源，向空调系统内打压 1.5 MPa （4）打压结束后，关闭压力表高、低压侧开关，保压 15 min 或更长 （5）观察压力表示数是否下降（是否存在泄漏），系统如有泄漏，则检查漏点；否则进行抽真空操作

续表

步骤	项目	工作内容
	静态加注制冷剂	（1）查看维修手册，获取制冷剂加注量 （2）将钥匙开关装在制冷剂储液罐上，并将加注管与钥匙开关连接，顺时针旋转钥匙开关，顶开制冷剂储液罐体，逆时针旋转钥匙开关，将其松开 （3）松开加注管与压力表的接口，打开管路开关，将加注管空气排净 （4）打开高、低压管开关，在发动机静止状态下加入制冷剂，并观察压力表高、低压侧压力，直至罐内制冷剂加注完毕，关闭压力表高、低压侧开关 （5）按照步骤（2）~（4）继续加注第二罐制冷剂，直至制冷剂无法注入系统为止，关闭压力表高、低压侧开关
	动态加注制冷剂	（1）启动发动机，打开鼓风机开关并将风量调节至最大，打开A/C开关，将温度调节至最低 （2）打开压力表低压侧开关，从低压侧加注制冷剂并观察压力表，低压侧为0.2~0.3 MPa，高压侧为1~1.5 MPa（发动机启动状态下严禁从压力表高压侧加注制冷剂） （3）使用出风口温度计测量出风口温度，低于10 ℃为正常
	整理	（1）将压力表高、低压侧开关关闭，并旋开压力表与车上高、低压接口相连接的接头开关，取下高、低压管 （2）安装高、低压接口防尘帽 （3）整理工具，清理现场

（二）实施记录

根据操作内容及过程，填写表6-4。

表 6-4 制冷剂加注实施项目单

加注方式	标准制冷剂加注量	实际制冷剂加注量	出风口温度	制冷系统压力	
				高压	低压
制冷剂加注回收机加注	_____g	_____g	___℃	____kPa	____kPa
歧管压力表加注	_____g	_____g	___℃	____kPa	____kPa

六、检查

（一）自检

结合本组任务实施过程，对任务执行过程中的操作规范性进行检查，检查是否存在以下问题，分析、讨论应如何避免并总结规范的操作方法（表6-5）。

表 6-5 自检

检查项目	检查结果			
制冷系统出风口温度是否正常	是 ☐		否 ☐	
系统压力是否正常	是 ☐		否 ☐	
工具是否整理，现场是否清理	是 ☐		否 ☐	

（二）互检

小组成员之间相互进行任务操作过程及结果检查，并将检查结果填写在表6-6中。

表 6-6 互检

检查项目	检查结果			
制冷系统出风口温度是否正常	是 ☐		否 ☐	
系统压力是否正常	是 ☐		否 ☐	
工具是否整理，现场是否清理	是 ☐		否 ☐	

七、课堂小结

微课动画

实操视频

空调控制系统电路的拆画任务工单		
客户信息 姓名	电话	
车辆信息 车型	VIN	行驶里程

客户描述

空调系统保养 ☐ 空调系统不制冷 ☐ 压缩机电磁离合器不接合☐

鼓风机不运转 ☐ 鼓风机运转不良 ☐ 空调系统机械损坏 ☐

空调系统制冷效果差☐ 冷却风扇不运转 ☐ 冷却风扇运转不良 ☐

制冷剂泄漏 ☐

其他：
_____
_____
_____

车辆外观检查	车辆内部检查
凹凸 ☐	污渍 ☐
划痕 ☐	破损 ☐
石击 ☐	色斑 ☐
油漆 ☐	变形 ☐

明确具体工作任务
_____
_____
_____

 任务目标

- 能够拆画空调压缩机电磁离合器控制电路
- 能够拆画鼓风机控制电路
- 能够拆画冷却风扇控制电路

 任务内容

- 空调压缩机电磁离合器控制电路的作用及工作原理
- 鼓风机控制电路的作用及工作原理
- 冷却风扇控制电路的作用及工作原理

 任务重点

- 空调压缩机电磁离合器控制电路的拆画
- 鼓风机控制电路的拆画
- 冷却风扇控制电路的拆画

 任务难点

- 空调压缩机电磁离合器控制电路的拆画
- 鼓风机控制电路的拆画
- 冷却风扇控制电路的拆画

一、知识讲解

（一）空调控制电路的作用

1. 空调压缩机电磁离合器控制电路的作用

空调压缩机电磁离合器控制电路的主要作用是当空调开启时，它能根据外界环境温度、制冷系统压力及发动机工况等情况，控制空调压缩机的电磁离合器接合或断开，从而控制空调压缩机的运转。

空调压缩机电磁离合器控制电路主要由空调开关、鼓风机开关、外界环境温度开关、压力传感器、发动机电控单元、冷却风扇控制单元及电磁离合器等组成，如图7-1所示。

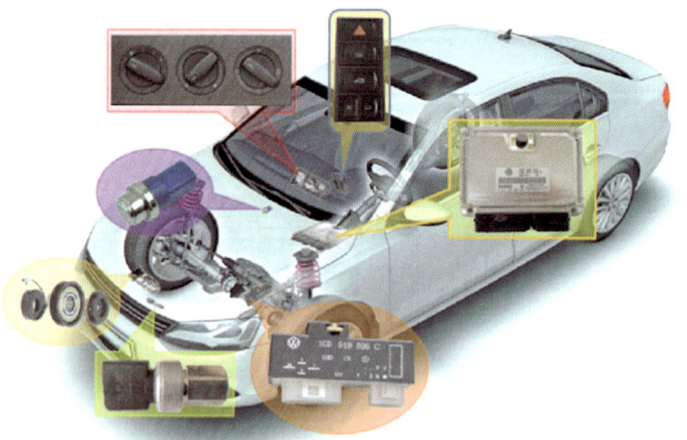

图 7-1　空调压缩机电磁离合器控制电路

2. 鼓风机控制电路的作用

鼓风机控制电路的主要作用是打开鼓风机并控制鼓风机的转速，将驾驶室内或驾驶室外的空气引入空调通风系统中。

鼓风机控制电路主要由鼓风机开关、鼓风机电阻和鼓风机组成，如图7-2所示。

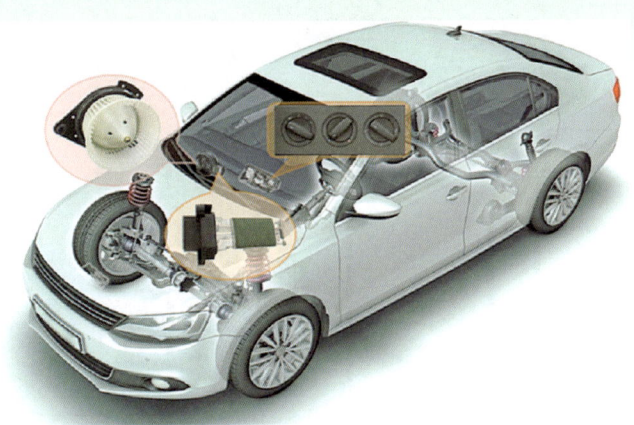

图7-2　鼓风机控制电路

3. 冷却风扇控制电路的作用

冷却风扇控制电路的主要作用是根据发动机冷却液温度、制冷系统内部工作压力等信号，控制冷凝器风扇运转和运转速度。

冷却风扇控制电路主要由发动机控制单元、发动机水温开关（双温开关）、冷却风扇控制单元、压力开关和散热风扇总成等组成，如图7-3所示。

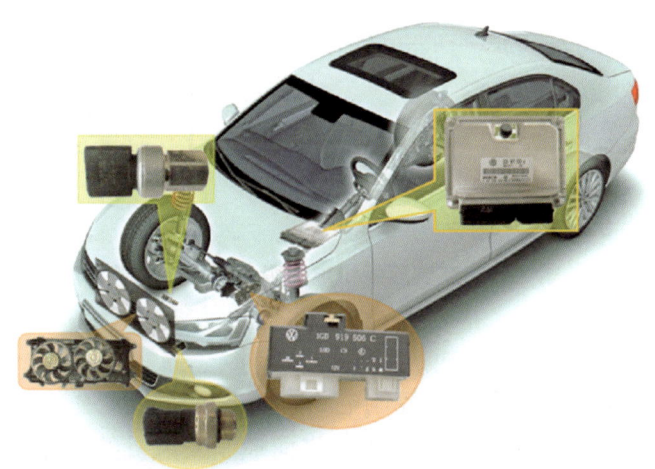

图7-3　冷却风扇控制电路

（二）空调控制电路的工作原理

1. 空调压缩机电磁离合器的工作原理

驾驶员在驾驶过程中若需要开启空调制冷功能，则要先打开组合开关上的空调开关和鼓风机开关，组合开关接收到空调开关和鼓风机开关的打开信号后，通过其插接器上的T17a/3号端子，并经过外界环境温度开关向发动机控制单元T80/44号端子发送空调请求信号。

发动机控制单元接收到空调请求信号后，根据当时发动机冷却液温度、节气门开度和空调系统压力等条件，确定满足空调开启条件后，令其控制的T80/42号端子控制冷却风扇控制单元的T10w/8号端子接地，冷却风扇控制单元控制压缩机电磁离合器接合。空调压缩机电磁离合器控制电路如图7-4所示。

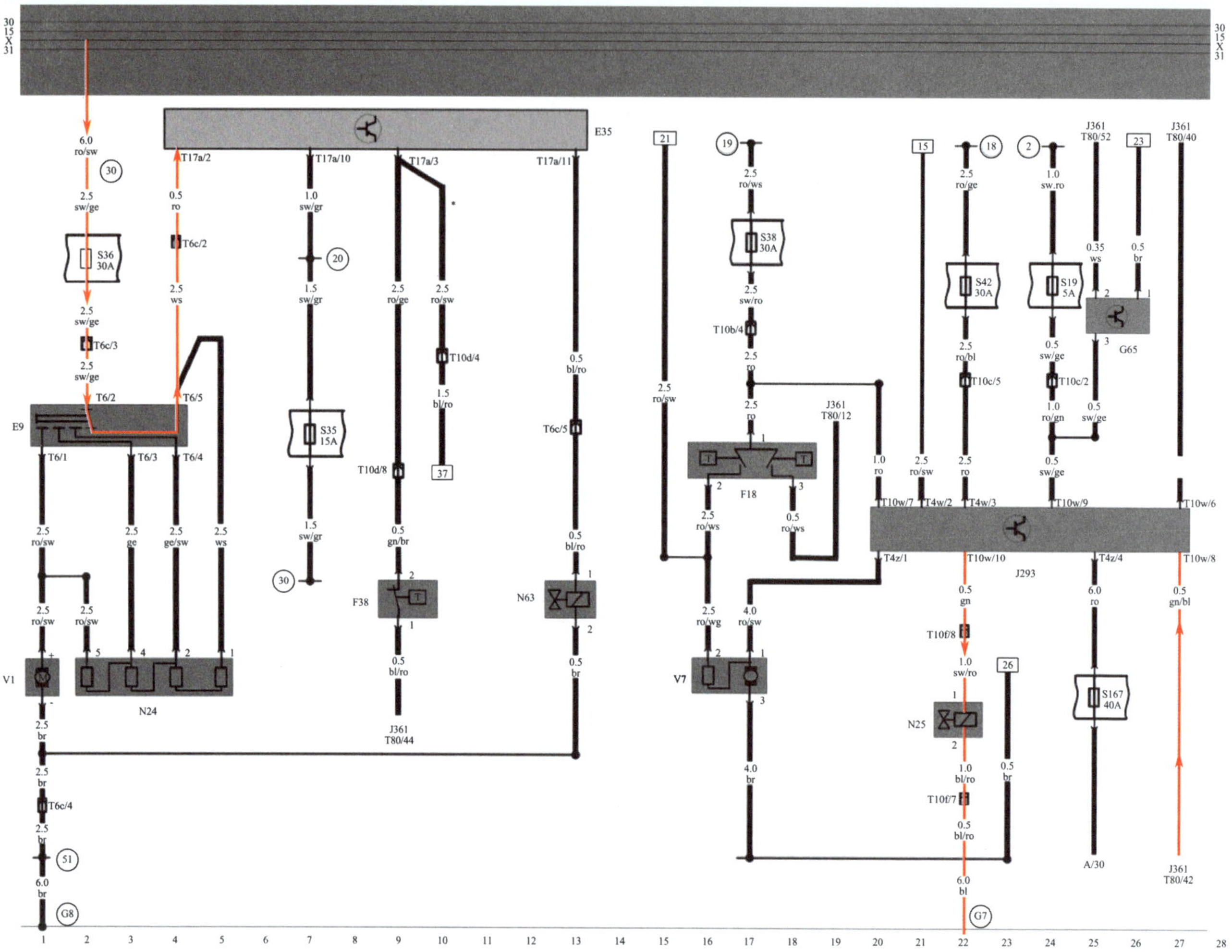

图 7-4　空调压缩机电磁离合器控制电路

2. 鼓风机控制电路的工作原理

鼓风机开关和鼓风机电阻串联在鼓风机控制电路中。鼓风机开关通过不同的挡位连接鼓风机电阻的不同连接点，从而控制流向鼓风机的电流大小，进而控制鼓风机的转速。鼓风机控制电路如图 7-5 所示。

3. 冷却风扇控制电路的工作原理

冷却风扇主要由发动机水温开关和冷却风扇控制单元来控制其运转及转速。当空调系统不工作时，冷却风扇的运转和转速主要由散热水箱上的水温开关来控制。当散热水箱中冷却液温度超过 90 ℃ 时，水温开关的低温开关闭合，散热风扇开始低速运转；当发动机冷却液温度超过 107 ℃ 时，水温开关的高温开关闭合，并向发动机控制单元的 T80/12 号端子提供 12 V 电压，发动机控制单元通过 T80/40 号端子控制散热风扇控制单元 T10w/6 号端子接地，散热风扇控制单元通过 T4z/1 号端子向散热风扇插头 1 号端子供电，使散热风扇高速运转。

打开空调开关，电磁离合器接合的同时，冷却风扇控制单元通过其 T4w/2 号端子向冷却风扇插接器 2 号端子供电，使冷却风扇开始低速运转。在运转过程中，若空调系统压力超过 1.6 MPa（16 bar），

空调压力传感器的2号端子将传递信号给发动机控制单元的T80/52号端子，发动机控制单元会通过T80/40号端子控制散热风扇控制单元T10w/6号端子接地，使散热风扇高速运转。

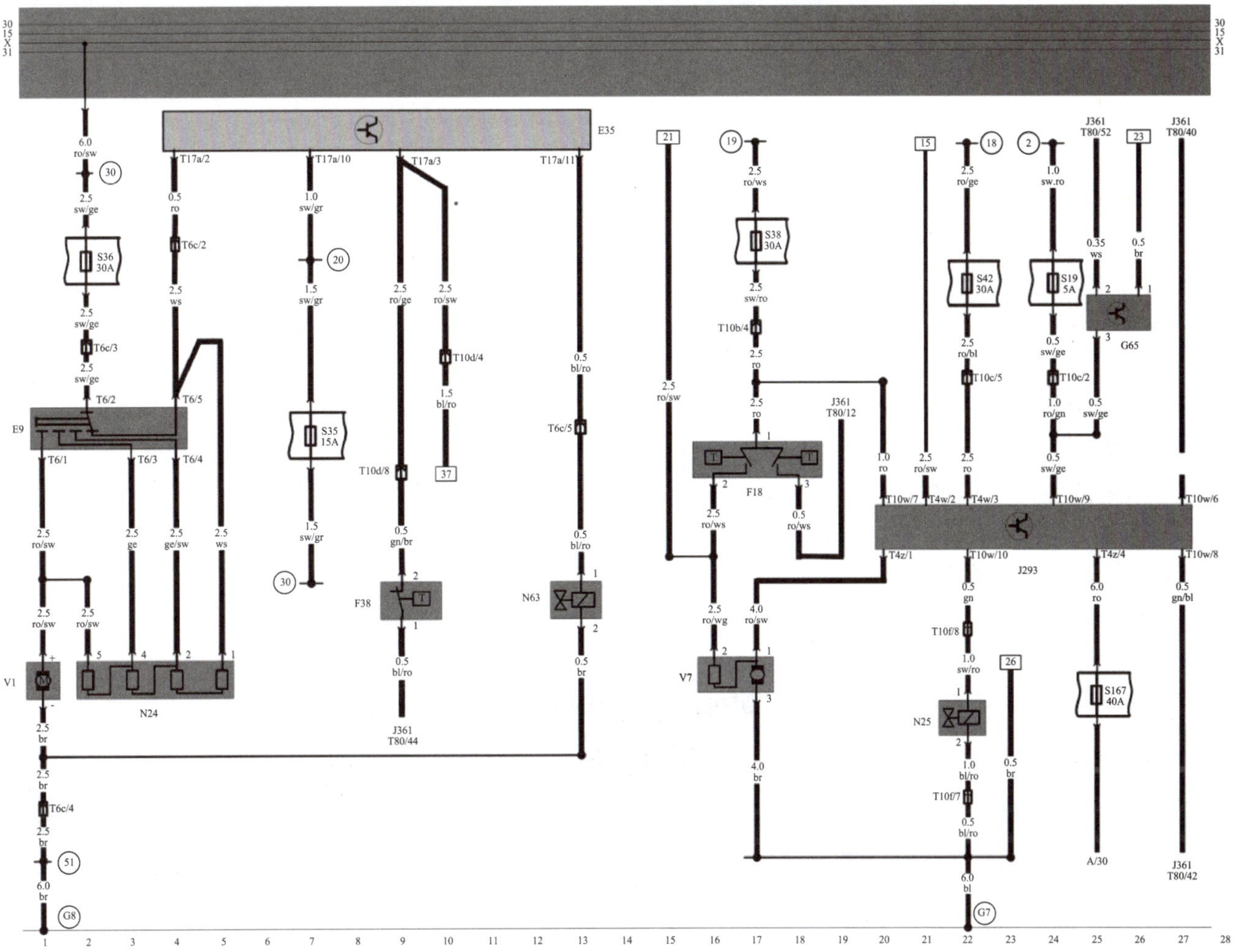

图 7-5 鼓风机控制电路

二、任务准备

勾选完成本任务所需的物品。

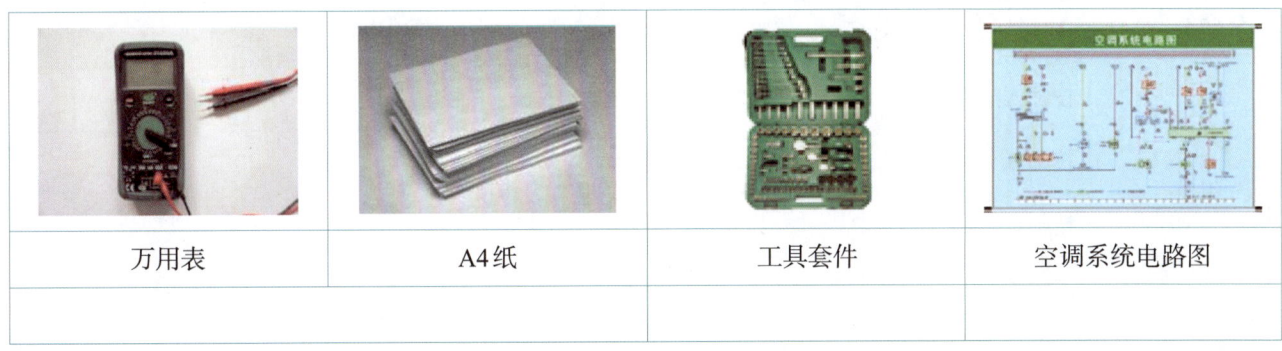

万用表	A4纸	工具套件	空调系统电路图

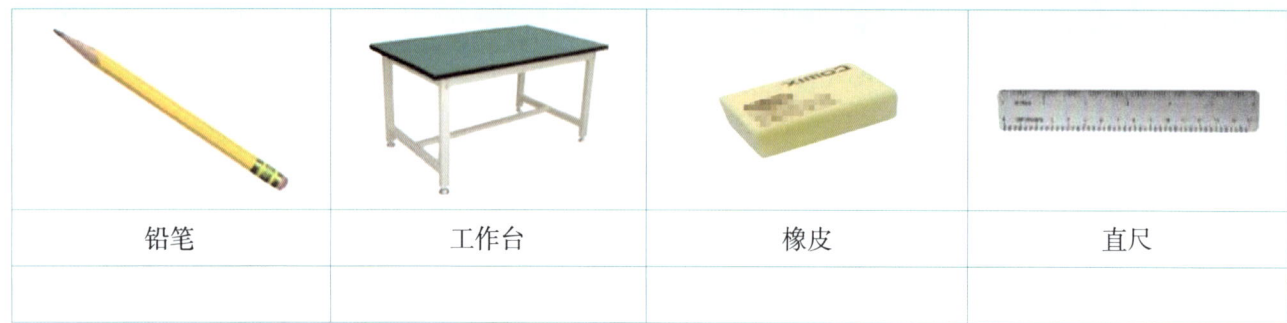

铅笔	工作台	橡皮	直尺

三、防护措施

1.进入车间应穿工鞋，戴工帽；工作服应整洁，无破损；操作时不可佩戴手表等金属饰品，以防划伤车辆表面。

2.启动或举升车辆时，应通知其他人员远离车辆或举升机，注意安全。

3.更换后的零配件及油液应按规定进行回收处理。

识别下列三幅车间操作图片，勾选出操作正确的图片。

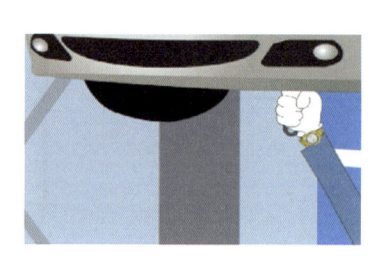

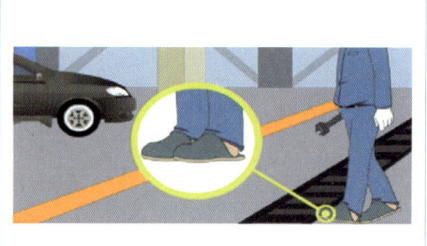

四、任务分配（表7-1）

表 7-1 　　　　　　　　　　　　　　　　任务分配

职务	成员	姓名	工作内容
组长	技师A		监督、管理组员工作
组员	技师B		准备实训所需辅料及零配件
	技师C		

续表

职务	成员	姓名	工作内容
组员	技师D		准备实训所需工具及手册
	技师E		

五、任务实施

（一）操作步骤

填写表7-2中的工作内容。

表 7–2　　　　　　　　　　　空调控制系统电路拆画操作步骤

步骤	项目	工作内容
1	空调压缩机电磁离合器控制电路的拆画	（1）准备铅笔、橡皮、直尺、A4纸 （2）查阅空调系统电路图 （3）拆画空调压缩机电磁离合器控制电路
2	鼓风机控制电路的拆画	
3	冷却风扇控制电路的拆画	

（二）实施记录

根据操作内容及过程，填写表7-3。

表 7–3　　　　　　　　　　　空调控制系统电路拆画项目单

控制电路类型	电路走向描述
空调压缩机电磁离合器控制电路	
鼓风机控制电路	
冷却风扇控制电路	

六、检查

（一）自检

结合本组任务实施过程，对任务执行过程中的操作规范性进行检查，检查是否存在以下问题，分析、讨论应如何避免并总结规范的操作方法（表7-4）。

表 7-4　　　　　　　　　　　　　　　　自检

检查项目	检查结果	
空调压缩机电磁离合器控制电路拆画是否正确	是 ☐	否 ☐
鼓风机控制电路拆画是否正确	是 ☐	否 ☐
冷却风扇控制电路拆画是否正确	是 ☐	否 ☐
工具是否整理，现场是否清理	是 ☐	否 ☐

（二）互检

小组成员之间相互进行任务操作过程及结果检查，并将检查结果填写在表7-5中。

表 7-5　　　　　　　　　　　　　　　　互检

检查项目	检查结果	
空调压缩机电磁离合器控制电路拆画是否正确	是 ☐	否 ☐
鼓风机控制电路拆画是否正确	是 ☐	否 ☐
冷却风扇控制电路拆画是否正确	是 ☐	否 ☐
工具是否整理，现场是否清理	是 ☐	否 ☐

七、课堂小结

_____

_____

微课动画

实操视频

电磁离合器及鼓风机控制电路检查与修理（一）

电磁离合器及鼓风机控制电路检查与修理（一）任务工单——电磁离合器控制电路检查与修理			
客户信息	姓名		电话
车辆信息	车型	VIN	行驶里程

客户描述	空调系统保养 □ 鼓风机不运转 □ 空调系统制冷效果差 □ 制冷剂泄漏 □ 其他：_____ _____ _____	空调系统不制冷 □ 鼓风机运转不良 □ 冷却风扇不运转 □	压缩机电磁离合器不接合□ 空调系统机械损坏 □ 冷却风扇运转不良 □

车辆外观检查		车辆内部检查	
凹凸 □		污渍 □	
划痕 □		破损 □	
石击 □		色斑 □	
油漆 □		变形 □	

明确具体工作任务	_____ _____ _____

 ● 能够使用万用表对电磁离合器及鼓风机控制电路进行检查、修理

● 空调开关的安装位置及检查方法
● 外界环境温度开关的安装位置及检查方法
● 冷却风扇控制单元的安装位置、工作原理及检查方法
● 鼓风机开关、电阻的安装位置及检查方法

● 冷却风扇控制单元的安装位置、工作原理及检查方法
● 鼓风机开关、电阻的安装位置及检查方法

● 外界环境温度开关的安装位置及检查方法
● 冷却风扇控制单元的安装位置、工作原理及检查方法
● 鼓风机开关、电阻的安装位置及检查方法

一、知识讲解

（一）空调开关的安装位置及检查方法

空调开关安装在汽车中央控制台上，与行李舱开关、空调内循环开关、应急开关等集成在一起，组成组合开关。当按下组合开关中的空调开关时，其后方 T17a/3 号端子应有电源输出，否则组合开关已坏。组合开关如图 8-1 所示。

图 8-1　组合开关

检查时，应按下组合开关中的空调开关，并使用万用表的电压挡测量外界环境温度开关插接器的 2 号端子。若电压符合规定值，则组合开关中的空调开关正常；否则空调开关已损坏。

（二）外界环境温度开关的安装位置及检查方法

外界环境温度开关如图8-2所示。它安装在发动机舱流水槽盖板下方中间位置（图8-3）。当外界环境温度低于5 ℃时，开关断开，切断从空调开关到发动机控制单元的空调请求信号。

检查时，在常温（除冬季外）下，外界环境温度开关的两个端子应为导通状态。使用万用表的最小电阻挡或二极管挡进行检查，电阻应小于0.5 Ω或发出"嘀"的嗡鸣声，如图8-4所示。

图 8-2　外界环境温度开关

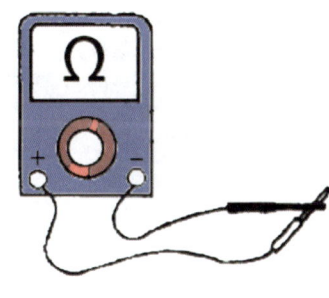

图 8-3　外界环境温度开关的安装位置　　　　图 8-4　用万用表检查外界环境温度开关

（三）冷却风扇控制单元的安装位置

冷却风扇控制单元安装在发动机舱左侧蓄电池附近（图8-5），由于控制单元不能直接进行手动检查，因此检查时，只能对其输入信号和输出信号进行模拟实验，从而判断其是否损坏。

（四）冷却风扇控制单元的工作原理

当打开鼓风机和空调开关，且外界环境温度高于5 ℃时，发动机控制单元通过其T80/44号端子接收到空调请求信号，并根据发动机冷却液温度及负荷等信号判断是否符合空

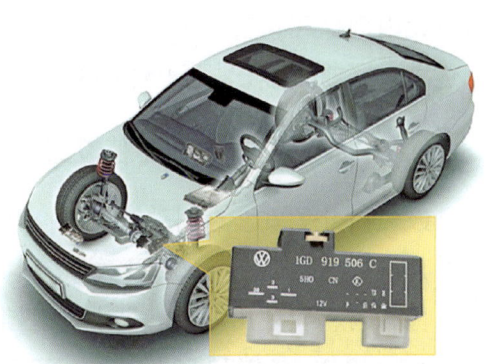

图 8-5　冷却风扇控制单元的安装位置

调开启条件。若符合，则通过T80/42号端子使冷却风扇控制单元的T10w/8号端子接地，从而接通冷却风扇控制单元内部工作电源，并通过其T10w/10号端子向空调压缩机的电磁离合器供电，使电磁离合器工作。发动机控制单元插接器如图8-6所示，冷却风扇控制单元插接器如图8-7所示。

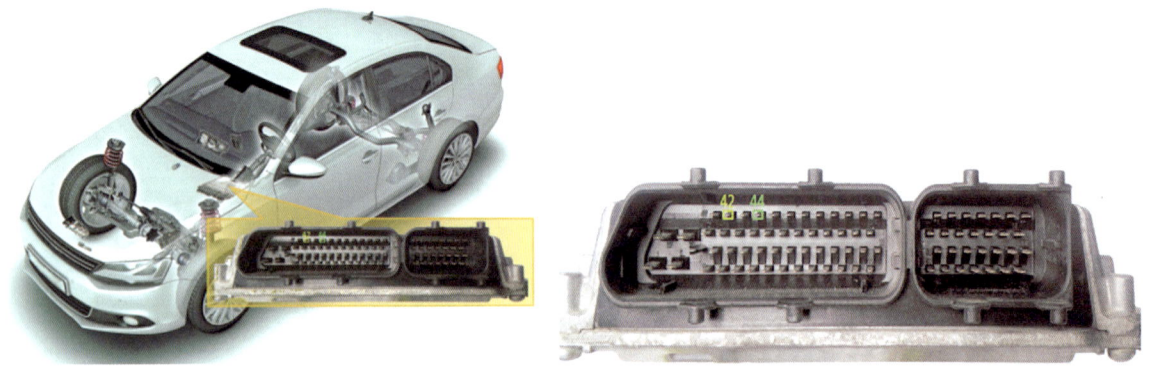

图8-6　发动机控制单元插接器

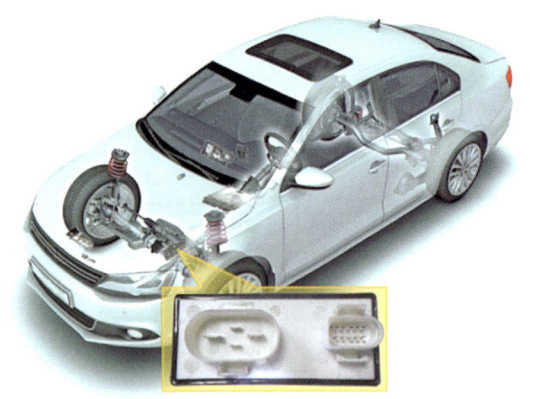

图8-7　冷却风扇控制单元插接器

（五）冷却风扇控制单元的检查方法

在对冷却风扇控制单元进行检查时，首先应检查其相关电源熔丝有无烧毁，若正常，则可将其T10w/8号端子引出并与蓄电池负极相连。若此时电磁离合器开始工作，则可能是线路损坏或发动机控制单元内部损坏；若此时电磁离合器不工作，则可能是冷却风扇控制单元损坏或其T10w/10号端子与电磁离合器插接器1号端子之间线路损坏。

（六）鼓风机开关的安装位置及检查方法

鼓风机开关安装在驾驶室中央控制面板中间位置，检查时，需先将其从中央控制面板拆下，然后拔下其后方的插头。鼓风机开关如图8-8所示。

检查时，应使用万用表最小电阻挡或二极管挡检查鼓风机开关后方的T6/2号端子分别在鼓风机1挡、2挡、3挡、4挡时T6/5、T6/4、T6/3、T6/1四个端子之间是否导通。

（七）鼓风机电阻的安装位置及检查方法

鼓风机电阻安装在副驾驶前方中央控制台的下方，与鼓风机安装位置相近。

在对鼓风机电阻进行检查时，应分别检查鼓风机电阻1号端子与2号、4号和5号端子之间的电阻。电阻应成倍递增，否则鼓风机电阻已损坏。鼓风机电阻及其端子如图8-9所示。

图8-8　鼓风机开关

图8-9　鼓风机电阻及其端子

二、任务准备

勾选完成本任务所需的物品。

扭力扳手	工具车	三件套	吹尘枪
万用表	工作灯	工具套件	抹布

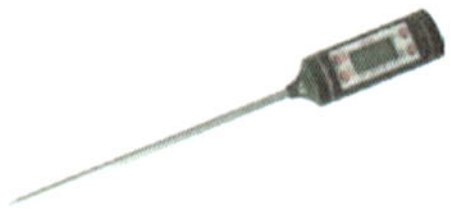 温度计	 工作台	 零件车	 台虎钳
 尖嘴钳	 歧管压力表	 制冷剂加注回收机	 真空泵（两用）
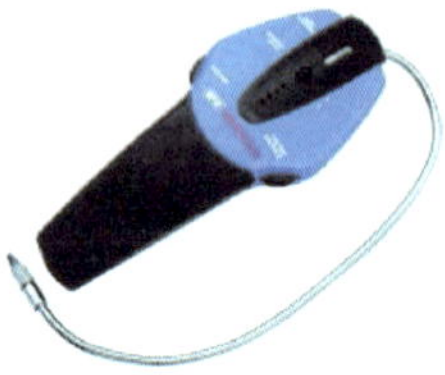 电子检漏仪	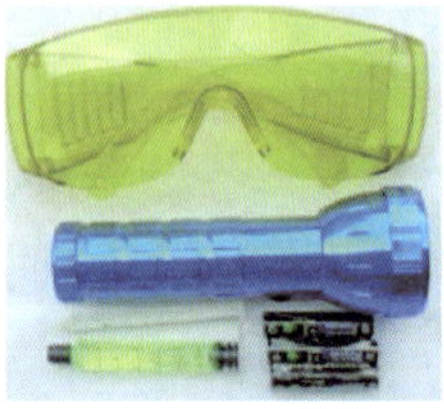 荧光检漏仪	 试灯	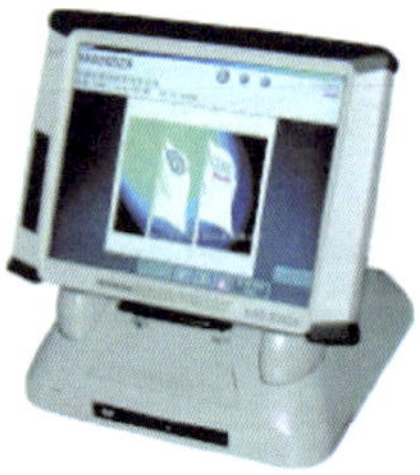 诊断仪

三、防护措施

1.进入车间应穿工鞋，戴工帽；工作服应整洁，无破损；操作时不可佩戴手表等金属饰品，以防划伤车辆表面。

2.启动或举升车辆时，应通知其他人员远离车辆或举升机，注意安全。

3.更换后的零配件及油液应按规定进行回收处理。

识别下列操作图片，勾选出操作正确的图片。

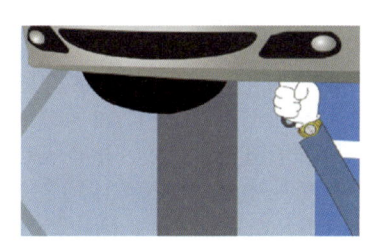
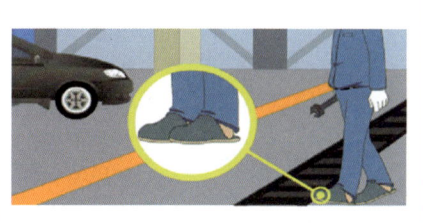

四、任务分配（表8-1）

表8-1　　　　　　　　　　　　　　　　任务分配

职务	成员	姓名	工作内容
组长	技师A		监督、管理组员工作
组员	技师B		准备实训所需辅料及零配件
	技师C		
组员	技师D		准备实训所需工具及手册
	技师E		

五、任务实施

（一）操作步骤

为表8-2中的操作步骤排序。

表8-2　　　　　　　　　电磁离合器和鼓风机控制电路检查与修理操作步骤

步骤	项目	工作内容
	安全防护及准备工作	（1）铺设三件套 （2）打开发动机舱盖，铺设翼子板布
	验证故障现象	（1）启动发动机，启动鼓风机，鼓风机运转后按下A/C开关，若A/C开关指示灯不亮，电磁离合器不接合，并且鼓风机吹出的风是热风，则空调系统出现故障 （2）启动鼓风机，按下A/C开关，若前方散热风扇不转，则空调系统出现故障

续表

步骤	项目	工作内容
	A/C开关及相关线路的检查	（1）从空调控制开关E35的T17a/2号端子引出一根线，打开点火开关，启动鼓风机，待鼓风机工作，使用万用表20 V电压挡测量E35的T17a/2号端子电压是否为12 V。如果不是，则鼓风机开关的T6/5号端子与E35的T17a/2号端子存在断路或者虚接 （2）从E35的T17a/3号端子引出一根线，检查A/C开关。启动发动机，启动鼓风机，按下A/C开关，使用万用表20 V电压挡测量E35的T17a/3号端子电压是否为12 V。如果不是，则检查熔丝S35是否熔断。如果没熔断，则检查熔丝端子电压是否为12 V。如果不是，则检查熔丝之前的电路；如果是，则检查E35的T17a/10号端子电压是否为12 V。如果是，则E35已损坏。如果E35的T17a/3号端子电压为12 V，则进行下一步检查
	温度开关的检查	检查温度开关F38，当环境温度大于5 ℃时，使用万用表200 Ω电阻挡测量温度开关两个端子的电阻，正常应小于0.5 Ω
	冷却风扇控制单元的检查	（1）检查冷却风扇控制单元的熔丝S42、S19、S03、S38是否已熔断 （2）拔下冷却风扇的两个插接器，打开点火开关，使用万用表20 V电压挡分别测量T10/w7、T4z/3、T10/w9、T4z/4号端子的对地电压，正常应为12 V左右 （3）从冷却风扇控制单元的T10w/8号端子引出一根线，启动车辆，打开空调开关，使用万用表20 V电压挡测量T10w/8号端子与蓄电池正极的电压，正常应与发电机发出的电压相同，约为14 V。如果不是，则使用万用表200 Ω电阻挡检查冷却风扇控制单元的T10w/8号端子与发动机控制单元的T80/42号端子之间线束的电阻，正常应小于0.5 Ω。如果电阻正常，则发动机控制单元已损坏；如果电阻过大，则应检查线束 （4）使用万用表20 V电压挡检查电磁离合器N25的1号和2号端子间电压是否为12 V。如果是，还应使用万用表200 Ω电阻挡检查2号端子与搭铁点之间的电阻，正常应小于0.5 Ω。若电阻正常，则电磁离合器已损坏。如果电压不是12 V，则使用万用表200 Ω电阻挡检查冷却风扇控制单元的T10w/10号端子与电磁离合器的1号端子之间线束的电阻，正常应小于0.5 Ω
	鼓风机及其线路检查	（1）拆卸鼓风机，使用万用表电阻挡测量鼓风机自身电阻，正常约为0.4 Ω。若电阻不正常，则应更换鼓风机；否则应检查鼓风机熔丝 （2）打开点火开关，检查鼓风机熔丝S36是否熔断，使用万用表20 V电压挡测量熔丝端子电压，正常应为12 V （3）拔下鼓风机插接器，将鼓风机开关置于1挡，使用万用表20 V电压挡测量鼓风机插接器两个端子之间的电压，正常应为12 V。如果不正常，则应检查鼓风机电阻和鼓风机开关 （4）拆卸鼓风机电阻，检查鼓风机电阻是否已烧穿，使用万用表电阻挡测量鼓风机1号和5号端子之间的电阻，正常应为3 Ω。如果电阻超出范围，则更换鼓风机电阻 （5）拆卸鼓风机开关，拔下鼓风机开关插接器，将鼓风机开关置于1挡，使用万用表电阻挡分别测量鼓风机开关的2号和5号端子之间的电阻；将鼓风机开关置于2挡，使用万用表电阻挡分别测量鼓风机开关的2号和4号端子之间的电阻；将鼓风机开关置于3挡，使用万用表电阻挡分别测量鼓风机开关的2号和3号端子之间的电阻；将鼓风机开关置于4挡，使用万用表电阻挡分别测量鼓风机开关的2号和1号端子之间的电阻。以上电阻均应小于0.5 Ω （6）打开点火开关，使用万用表20 V电压挡测量鼓风机开关插接器2号端子电压是否为12 V。如果不是，则鼓风机开关插接器2号端子与熔丝S36之间线束有断路，应检查此段线束 （7）使用万用表200 Ω电阻挡测量鼓风机开关插接器5号端子与鼓风机电阻1号端子之间的电阻；测量鼓风机电阻5号端子与鼓风机插接器正极之间的电阻，线束的正常电阻应小于1 Ω

（二）实施记录

根据操作内容及过程，填写表8-3。

表 8–3　　　　　　　　　　电磁离合器及鼓风机控制电路检查结果记录表

		熔丝 S35	鼓风机开关电压	空调开关输出电压		处理措施（备注）
电磁离合器控制电路检查	空调开关	正常 □ 熔断 □	正常 □ 故障 □	正常 □ 故障 □		
		开关状态	空调开关电压	导线通断检查		处理措施（备注）
	外界环境温度开关	正常 □ 故障 □	正常 □ 故障 □	正常 □ 故障 □		
		熔丝	损坏熔丝名称	线路检查		处理措施（备注）
				导线通断	电压	
	冷却风扇控制单元	正常 □ 故障 □		正常 □ 故障 □	正常 □ 故障 □	
	电磁离合器	正常□	损坏□			
鼓风机控制电路检查		挡位	1挡	2挡	3挡	4挡
	鼓风机开关	检查结果	正常 □ 故障 □	正常 □ 故障 □	正常 □ 故障 □	正常 □ 故障 □
		端子	1号与2号	1号与4号	1号与5号	是否更换
	鼓风机电阻	电阻	_____Ω	_____Ω	_____Ω	是□ 否□
		电阻是否正常	运转是否正常	处理措施（备注）		
	鼓风机	是 □ 否 □	是 □ 否 □			

六、检查

（一）自检

结合本组任务实施过程，对任务执行过程中的操作规范性进行检查，检查是否存在以下问题，分析、讨论应如何避免并总结规范的操作方法（表8-4）。

汽车空调拆装与修理

表 8-4   自检

检查项目	检查结果			
电磁离合器接合是否正常	是 ☐		否 ☐	
鼓风机运转是否正常	是 ☐		否 ☐	
工具是否整理，现场是否清理	是 ☐		否 ☐	

（二）互检

小组成员之间相互进行任务操作过程及结果检查，并将检查结果填写在表8-5中。

表 8-5   互检

检查项目	检查结果			
电磁离合器接合是否正常	是 ☐		否 ☐	
鼓风机运转是否正常	是 ☐		否 ☐	
工具是否整理，现场是否清理	是 ☐		否 ☐	

七、课堂小结

_____

_____

_____

微课动画

实操视频

电磁离合器及鼓风机控制电路检查与修理（二）

电磁离合器及鼓风机控制电路检查与修理（二）任务工单——鼓风机控制电路检查与修理			
客户信息	姓名		电话
车辆信息	车型	VIN	行驶里程

客户描述	空调系统保养 □　　　　空调系统不制冷 □　　　　压缩机电磁离合器不接合□ 鼓风机不运转 □　　　　鼓风机运转不良 □　　　　空调系统机械损坏 □ 空调系统制冷效果差□　　冷却风扇不运转 □　　　　冷却风扇运转不良 □ 制冷剂泄漏 □ 其他：

	车辆外观检查		车辆内部检查
凹凸 □		污渍 □	
划痕 □		破损 □	
石击 □		色斑 □	
油漆 □		变形 □	

明确具体 工作任务	

 ● 能够使用万用表对电磁离合器及鼓风机控制电路进行检查并修理

● 空调开关的安装位置及检查方法
● 外界环境温度开关的安装位置及检查方法
● 冷却风扇控制单元的安装位置、工作原理及检查方法
● 鼓风机开关、电阻的安装位置及检查方法

● 冷却风扇控制单元的安装位置、工作原理及检查方法
● 鼓风机开关、电阻的安装位置及检查方法

● 外界环境温度开关的安装位置及检查方法
● 冷却风扇控制单元的安装位置、工作原理及检查方法
● 鼓风机开关、电阻的安装位置及检查方法

一、任务准备

勾选完成本任务所需的物品。

扭力扳手	工具车	三件套	吹尘枪
万用表	工作灯	工具套件	抹布

 温度计	 工作台	 零件车	 台虎钳
 卡簧钳	 歧管压力表	 制冷剂加注回收机	 真空泵（两用）
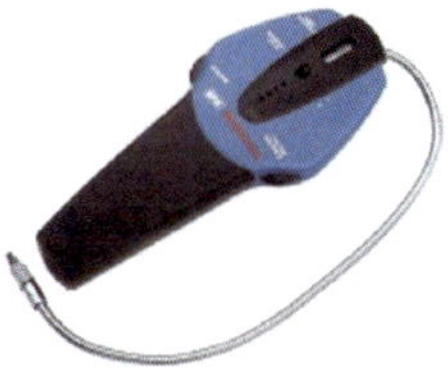 电子检漏仪	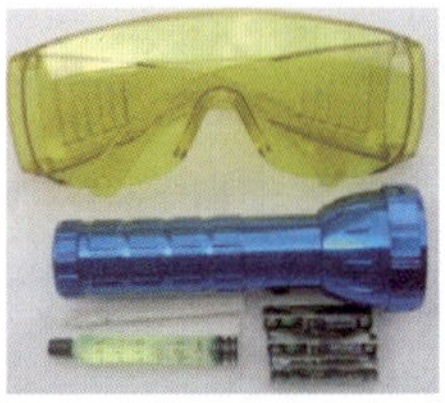 荧光检漏仪	 试灯	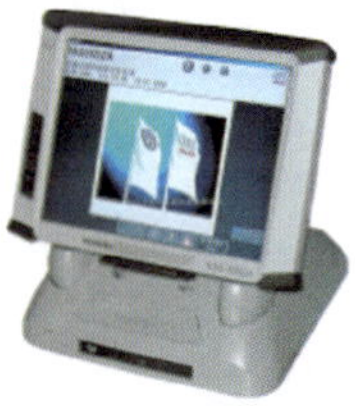 诊断仪

二、防护措施

1.进入车间应穿工鞋，戴工帽；工作服应整洁，无破损；操作时不可佩戴手表等金属饰品，以防划伤车辆表面。

2.启动或举升车辆时，应通知其他人员远离车辆或举升机，注意安全。

3.更换后的零配件及油液应按规定回收处理。

识别下列操作图片，勾选出操作正确的图片。

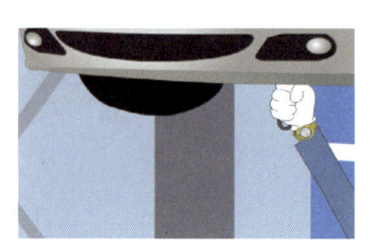
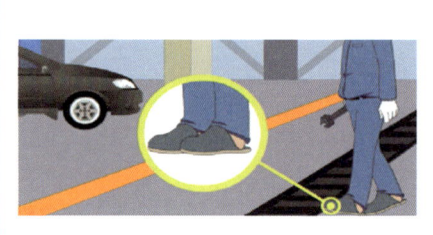

三、任务分配（表9-1）

表 9-1　　　　　　　　　　　　　　　任务分配

职务	成员	姓名	工作内容
组长	技师A		监督、管理组员工作
组员	技师B		准备实训所需辅料及零配件
	技师C		
	技师D		准备实训所需工具及手册
	技师E		

四、任务实施

（一）操作步骤

为表9-2中的操作步骤排序。

表 9-2　　　　　　　　电磁离合器和鼓风机控制电路检查与修理操作步骤

步骤	项目	工作内容
	安全防护及准备工作	（1）铺设三件套 （2）打开发动机舱盖，铺设翼子板布
	验证故障现象	（1）启动发动机，启动鼓风机，鼓风机运转后按下A/C开关，若A/C开关指示灯不亮，电磁离合器不接合，并且鼓风机吹出的风是热风，则空调系统出现故障 （2）启动鼓风机，按下A/C开关，若前方散热风扇不转，则空调系统出现故障

步骤	项目	工作内容
	A/C 开关及相关线路的检查	（1）从空调控制开关E35的T17a/2号端子引出一根线，打开点火开关，启动鼓风机，待鼓风机工作，使用万用表20 V电压挡测量E35的T17a/2号端子电压是否为12 V。如果不是，则鼓风机开关的T6/5号端子与E35的T17a/2号端子存在断路或者虚接 （2）从E35的T17a/3号端子引出一根线，检查A/C开关。启动发动机，启动鼓风机，按下A/C开关，使用万用表20 V电压挡测量E35的T17a/3号端子电压是否为12 V。如果不是，则检查熔丝S35是否熔断。如果没熔断，则检查熔丝端子电压是否为12 V。如果不是，则检查熔丝之前的电路；如果是，则检查E35的T17a/10号端子电压是否为12 V。如果是，则E35已损坏。如果E35的T17a/3号端子电压为12 V，则进行下一步检查
	温度开关的检查	检查温度开关F38，当环境温度大于5 ℃时，使用万用表200 Ω电阻挡测量温度开关两个端子的电阻，正常应小于0.5 Ω
	冷却风扇控制单元的检查	（1）检查冷却风扇控制单元的熔丝S42、S19、S03、S38是否已熔断 （2）拔下冷却风扇的两个插接器，打开点火开关，使用万用表20 V电压挡分别测量T10/w7、T4z/3、T10/w9、T4z/4号端子的对地电压，正常应为12 V左右 （3）从冷却风扇控制单元的T10w/8号端子引出一根线，启动车辆，打开空调开关，使用万用表20 V电压挡测量T10w/8号端子与蓄电池正极的电压，正常应与发电机发出的电压相同，约为14 V。如果不是，则使用万用表200 Ω电阻挡检查冷却风扇控制单元的T10w/8号端子与发动机控制单元的T80/42号端子之间线束的电阻，正常应小于0.5 Ω。如果电阻正常，则发动机控制单元已损坏；如果电阻过大，则应检查线束 （4）使用万用表20 V电压挡检查电磁离合器N25的1号和2号端子间电压是否为12 V。如果是，还应使用万用表200 Ω电阻挡检查2号端子与搭铁点之间的电阻，正常应小于0.5 Ω。若电阻正常，则电磁离合器已损坏。如果电压不是12 V，则使用万用表200 Ω电阻挡检查风扇控制单元的T10w/10号端子与电磁离合器的1号端子之间线束的电阻，正常应小于0.5 Ω
	鼓风机及其线路检查	（1）拆卸鼓风机，使用万用表电阻挡测量鼓风机自身电阻，正常约为0.4 Ω。若电阻不正常，则应更换鼓风机；否则应检查鼓风机熔丝 （2）打开点火开关，检查鼓风机熔丝S36是否熔断，使用万用表20 V电压挡测量熔丝端子电压，正常应为12 V （3）拔下鼓风机插接器，将鼓风机开关置于1挡，使用万用表20 V电压挡测量鼓风机插接器两个端子之间的电压，正常应为12 V。如果不正常，则应检查鼓风机电阻和鼓风机开关 （4）拆卸鼓风机电阻，检查鼓风机电阻是否已烧穿，使用万用表电阻挡测量鼓风机1号和5号端子之间的电阻，正常应为3 Ω。如果电阻超出范围，则更换鼓风机电阻 （5）拆卸鼓风机开关，拔下鼓风机开关插接器，将鼓风机开关置于1挡，使用万用表电阻挡分别测量鼓风机开关的2号和5号端子之间的电阻；将鼓风机开关置于2挡，使用万用表电阻挡分别测量鼓风机开关的2号和4号端子之间的电阻；将鼓风机开关置于3挡，使用万用表电阻挡分别测量鼓风机开关的2号和3号端子之间的电阻；将鼓风机开关置于4挡，使用万用表电阻挡分别测量鼓风机开关的2号和1号端子之间的电阻。以上电阻均应小于0.5 Ω （6）打开点火开关，使用万用表20 V电压挡测量鼓风机开关插接器2号端子电压是否为12 V。如果不是，则鼓风机开关插接器2号端子与熔丝S36之间线束有断路，应检查此段线束 （7）使用万用表200 Ω电阻挡测量鼓风机开关插接器5号端子与鼓风机电阻1号端子之间的电阻；测量鼓风机电阻5号端子与鼓风机插接器正极之间的电阻，线束的正常电阻应小于1 Ω

（二）实施记录

根据操作内容及过程，填写表9-3。

表 9-3　　　　　　　　　电磁离合器及鼓风机控制电路检查结果记录表

		熔丝 S35	鼓风机开关电压	空调开关输出电压	处理措施（备注）	
电磁离合器控制电路检查	空调开关	正常 □ 熔断 □	正常 □ 故障 □	正常 □ 故障 □		
		开关状态	空调开关电压	导线通断检查	处理措施（备注）	
	外界环境温度开关	正常 □ 故障 □	正常 □ 故障 □	正常 □ 故障 □		
		熔丝	损坏熔丝名称	线路检查		处理措施（备注）
				导线通断	电压	
	冷却风扇控制单元	正常 □ 故障 □		正常 □ 故障 □	正常 □ 故障 □	
	电磁离合器	正常 □	损坏 □			
鼓风机控制电路检查		挡位	1 挡	2 挡	3 挡	4 挡
	鼓风机开关	检查结果	正常 □ 故障 □	正常 □ 故障 □	正常 □ 故障 □	正常 □ 故障 □
		端子	1 号与 2 号	1 号与 4 号	1 号与 5 号	是否更换
	鼓风机电阻	电阻	＿＿＿ Ω	＿＿＿ Ω	＿＿＿ Ω	是 □ 否 □
		电阻是否正常		运转是否正常		处理措施（备注）
	鼓风机	是 □ 否 □		是 □ 否 □		

五、检查

（一）自检

结合本组任务实施过程，对任务执行过程中的操作规范性进行检查，检查是否存在以下问题，分析、讨论应如何避免并总结规范的操作方法（表9-4）。

表 9-4 自检

检查项目	检查结果
电磁离合器接合是否正常	是 ☐ 否 ☐
鼓风机运转是否正常	是 ☐ 否 ☐
工具是否整理，现场是否清理	是 ☐ 否 ☐

（二）互检

小组成员之间相互进行任务操作过程及结果检查，并将检查结果填写在表 9-5 中。

表 9-5 互检

检查项目	检查结果
电磁离合器接合是否正常	是 ☐ 否 ☐
鼓风机运转是否正常	是 ☐ 否 ☐
工具是否整理，现场是否清理	是 ☐ 否 ☐

六、课堂小结

_____

_____

_____

_____

微课动画

实操视频

任务十 冷凝器冷却风扇及其控制电路检查与修理（一）

冷凝器冷却风扇及其控制电路检查与修理（一）任务工单——冷凝器冷却风扇检查与修理			
客户信息	姓名		电话
车辆信息	车型	VIN	行驶里程
客户描述	空调系统保养 □　空调系统不制冷 □　压缩机电磁离合器不接合□ 鼓风机不运转 □　鼓风机运转不良 □　空调系统机械损坏 □ 空调系统制冷效果差□　冷却风扇不运转 □　冷却风扇运转不良 □ 制冷剂泄漏 □ 其他： ＿＿＿＿＿＿＿＿＿＿＿＿＿＿＿＿＿＿＿＿＿＿＿＿ ＿＿＿＿＿＿＿＿＿＿＿＿＿＿＿＿＿＿＿＿＿＿＿＿ ＿＿＿＿＿＿＿＿＿＿＿＿＿＿＿＿＿＿＿＿＿＿＿＿		
	车辆外观检查	车辆内部检查	
凹凸 □ 划痕 □ 石击 □ 油漆 □		污渍 □ 破损 □ 色斑 □ 变形 □	
明确具体工作任务	＿＿		

● 能够使用万用表对冷凝器冷却风扇控制电路进行检查并修理

● 冷凝器冷却风扇控制电路控制原理
● 冷却风扇控制单元的检查方法

● 冷凝器冷却风扇控制电路的控制原理
● 冷却风扇控制单元的检查方法

● 冷凝器冷却风扇控制电路的控制原理
● 冷却风扇控制单元的检查方法

一、知识讲解

（一）冷凝器冷却风扇控制电路的控制原理

当开启鼓风机和空调，且外界环境温度高于5 ℃时，发动机控制单元通过其T80/44号端子接收到空调请求信号，且根据发动机冷却液温度及负荷等信号判断符合空调开启条件时，其T80/42号端子使冷却风扇控制单元的T10w/8号端子接地，冷却风扇控制单元通过T4w/2号端子向冷却风扇2号端子供电，冷却风扇开始低速运转。发动机控制单元及冷却风扇控制单元插接器端子如图10-1所示。

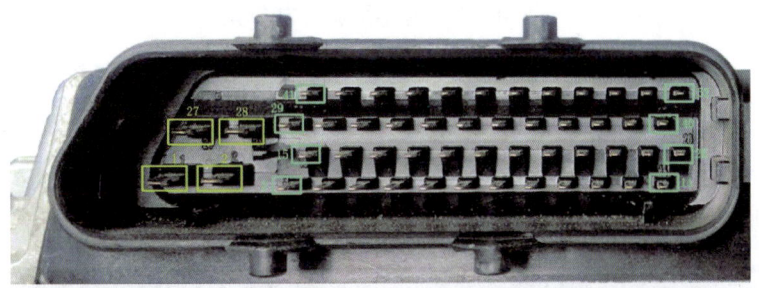

（a）发动机控制单元插接器端子

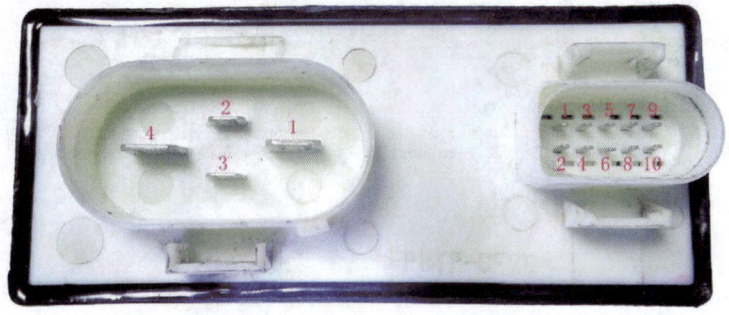

（b）冷却风扇控制单元插接器端子

图 10-1 发动机控制单元及冷却风扇控制单元插接器端子

当发动机散热水箱上的双温开关F18的105 ℃开关将电压信号（12 V）传递给发动机控制单元的T80/12号端子，或空调压力开关G65将1.6 MPa压力信号（方波电压）传递给发动机控制单元时，发动机控制单元通过其T80/40号端子控制冷却风扇控制单元的T10W/6号端子接地，冷却风扇控制单元通过T4z/1号端子向冷却风扇1号端子供电，冷却风扇开始高速运转。

（二）冷却风扇控制单元的检查方法

冷却风扇控制单元安装在发动机舱左侧蓄电池附近，由于控制单元不能直接进行手动检查，因此检查时，只能对其输入信号和输出信号进行检测，从而判断其是否损坏。冷却风扇控制单元如图10-2所示。

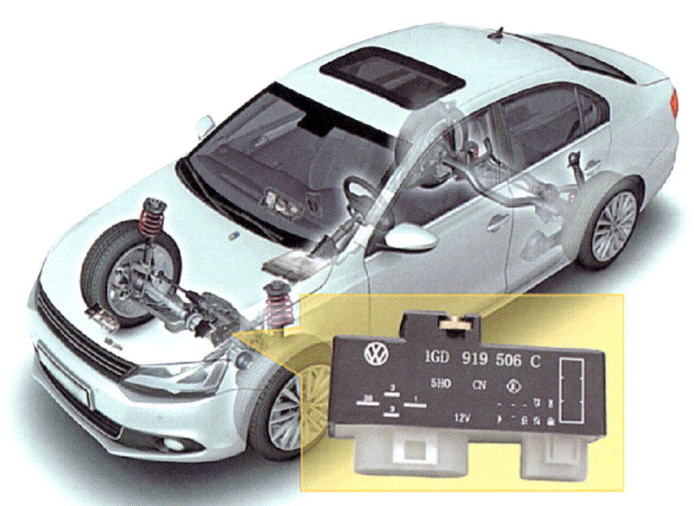

图 10-2　冷却风扇控制单元

在对冷却风扇控制单元进行检查时，应先检查其相关电源熔丝是否熔断。若熔丝正常，则应依次检查其T10w/6号端子与发动机控制单元的T80/40号端子之间的导线是否导通，其T4w/2号端子与冷却风扇2号端子之间的导线是否导通，其T4z/1号端子与冷却风扇1号端子之间的导线是否导通。若都导通但冷却风扇不转，则冷却风扇控制单元已损坏。熔丝的安装位置如图10-3所示。

图 10-3　熔丝的安装位置

二、任务准备

勾选完成本任务所需的物品。

 扭力扳手	 工具车	 三件套	 吹尘枪
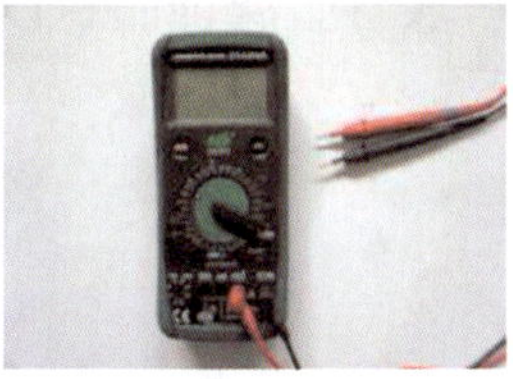 万用表	 工作灯	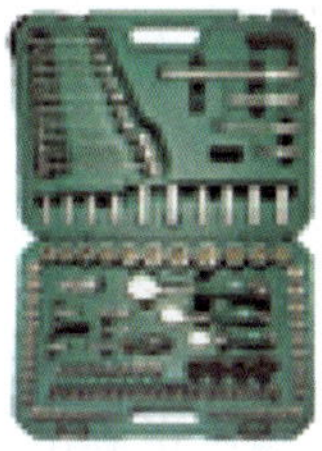 工具套件	 抹布
 温度计	 工作台	 零件车	 台虎钳
 卡簧钳	 歧管压力表	 制冷剂加注回收机	 真空泵（两用）

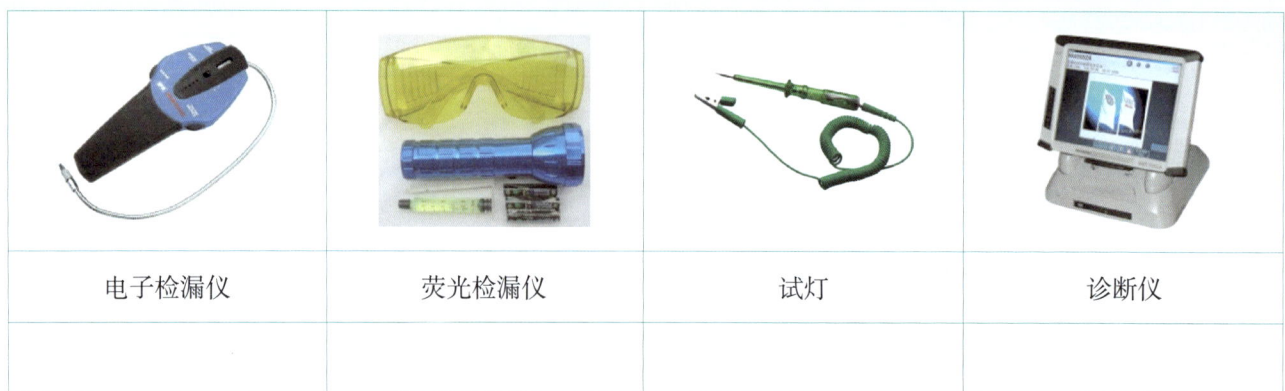

电子检漏仪	荧光检漏仪	试灯	诊断仪

三、防护措施

1.进入车间应穿工鞋，戴工帽；工作服应整洁，无破损；操作时不可佩戴手表等金属饰品，以防划伤车辆表面。

2.启动或举升车辆时，应通知其他人员远离车辆或举升机，注意安全。

3.更换后的零配件及油液应按规定进行回收处理。

识别下列操作图片，勾选出操作正确的图片。

 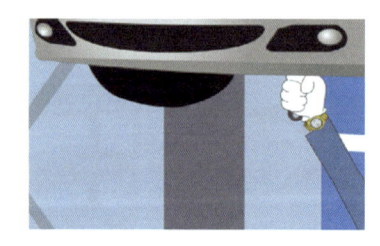 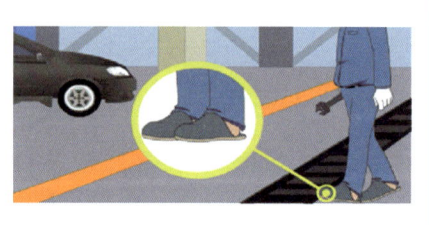

四、任务分配（表10-1）

表10-1 　　　　　　　　　　　　任务分配

职务	成员	姓名	工作内容
组长	技师A		监督、管理组员工作
组员	技师B		准备实训所需辅料及零配件

续表

职务	成员	姓名	工作内容
组员	技师C		准备实训所需辅料及零配件
	技师D		准备实训所需工具及手册
	技师E		

五、任务实施

（一）操作步骤

为表10-2中的操作步骤排序。

表10–2　　　　　　　　冷凝器冷却风扇控制电路检查操作步骤

步骤	项目	工作内容
	安全防护及准备工作	（1）铺设三件套 （2）打开发动机舱盖，铺设翼子板布
	冷却风扇及搭铁线路的检查	（1）首先拔下固定在散热风扇支架上的风扇插接器，断开插接器 （2）使用万用表200 Ω电阻挡测量风扇插接器的1号和3号端子之间的电阻，正常应为0.3 Ω；测量风扇插接器的2号和3号端子之间的电阻，正常应为0.5 Ω。如果电阻超出范围，则散热风扇已损坏，应对散热风扇进行更换 （3）使用万用表蜂鸣挡测量散热风扇的3号端子和任意搭铁点是否导通。如果导通，则搭铁正常；否则应对线路进行检查
	拆卸冷却风扇控制单元及线路检查	（1）用10 mm套管拆卸冷却液补水壶的2个固定螺栓，用10 mm套管拆卸冷却风扇控制单元2个固定螺栓，用13 mm套管拆卸冷却风扇控制单元固定支架，拆卸冷却风扇控制单元的2个插接器 （2）使用万用表200 Ω电阻挡检查冷却风扇控制单元4脚插头1号端子与冷却风扇的1号端子的电阻，正常应小于1 Ω；检查冷却风扇控制单元4脚插头2号端子与冷却风扇的2号端子的电阻，正常应小于1 Ω （3）如果以上检查结果都正常，则散热风扇及线路正常，应检查冷却风扇控制单元及线束
	冷却风扇控制单元及线束检查	（1）检查冷却风扇控制单元的熔丝S42、S19、S03、S38是否熔断 （2）打开点火开关，使用万用表20 V电压挡分别测量T10/w7、T4z/3、T10/w9、T4z/4号端子的对地电压，正常应为12 V左右

步骤	项目	工作内容
	冷却风扇控制单元及线束检查	（3）将风扇控制单元插接器装回，启动车辆，打开空调，使用万用表20 V电压挡测量冷却风扇插接器2号和3号端子之间的电压，电压正常应为14 V左右。如果不是，则应对冷却风扇控制信号进行检查 （4）从风扇控制单元的T10w/8号端子引出一根线，启动车辆，打开空调，使用万用表20 V电压挡测量T10w/8号端子与蓄电池正极的电压，正常应与发电机发出的电压相同，约为14 V。如果电压不是14 V，则使用万用表200 Ω电阻挡检查风扇控制单元T10w/8号端子与发动机控制单元T80/42号端子之间线束的电阻，正常应小于0.5 Ω。如果电阻正常，则发动机控制单元已损坏；如果电阻过大，则检查线束
	验证故障是否排除	启动发动机，打开空调，观察散热风扇是否运转。如果运转，则故障已排除；否则故障未排除，应继续排除故障
	整理	将车辆恢复原状，撤去翼子板布并关闭发动机舱盖，撤去三件套，整理工具并清理现场

（二）实施记录

根据操作内容及过程，填写表10-3。

表 10-3 　　　　　　　　　　冷凝器冷却风扇控制电路检查与修理实施记录

		1号与3号端子		2号与3号端子	
冷凝器冷却风扇	电阻	正常值	测量值	正常值	测量值
	控制线路	风扇插接器端子	1号	2号	3号
		检测点	T4z/1	T4z/2	任意搭铁点
		测量结果			
冷凝器冷却风扇控制电路	熔丝	S03	S19	S38	S42
	端子电压	T4z/3	T4z/4	T10w/7	T10w/9
	控制线路	T10w/8 号端子对正极电压		T10w/8 号端子与发动机 T80/42 号端子之间电阻	
		正常 □　　　无电压 □		正常 □　　　过大 □　　　断路 □	

六、检查

（一）自检

结合本组任务实施过程，对任务执行过程中的操作规范性进行检查，检查是否存在以下问题，分析、讨论应如何避免并总结规范的操作方法（表10-4）。

表 10-4　　　　　　　　　　　　　　　　　　自检

检查项目	检查结果			
故障是否已排除	是 □		否 □	
各元件安装、恢复是否到位	是 □		否 □	
工具是否整理，现场是否清理	是 □		否 □	

（二）互检

小组成员之间相互进行任务操作过程及结果检查，并将检查结果填写在表10-5中。

表 10-5　　　　　　　　　　　　　　　　　　互检

检查项目	检查结果			
故障是否已排除	是 □		否 □	
各元件安装、恢复是否到位	是 □		否 □	
工具是否整理，现场是否清理	是 □		否 □	

七、课堂小结

微课动画

实操视频

冷凝器冷却风扇及其控制电路检查与修理（二）任务工单——冷凝器冷却风扇控制电路检查与修理			
客户信息	姓名		电话
车辆信息	车型	VIN	行驶里程

客户描述	空调系统保养 □ 鼓风机不运转 □ 空调系统制冷效果差 □ 制冷剂泄漏 □ 其他： ✎ _____ _____ _____	空调系统不制冷 □ 鼓风机运转不良 □ 冷却风扇不运转 □	压缩机电磁离合器不接合 □ 空调系统机械损坏 □ 冷却风扇运转不良 □

	车辆外观检查		车辆内部检查
凹凸 □		污渍 □	
划痕 □		破损 □	
石击 □		色斑 □	
油漆 □		变形 □	

明确具体 工作任务	✎ _____ _____ _____

能够使用万用表对冷凝器冷却风扇控制电路进行检查并维修

● 冷凝器冷却风扇控制电路的控制原理
● 冷却风扇控制单元的检查方法

● 冷凝器冷却风扇控制电路的控制原理
● 冷却风扇控制单元的检查方法

● 冷凝器冷却风扇控制电路的控制原理
● 冷却风扇控制单元的检查方法

一、任务准备

勾选完成本任务所需的物品。

扭力扳手	工具车	三件套	吹尘枪
万用表	工作灯	工具套件	抹布

 温度计	 工作台	 零件车	 台虎钳
 卡簧钳	 歧管压力表	 制冷剂加注回收机	 真空泵（两用）
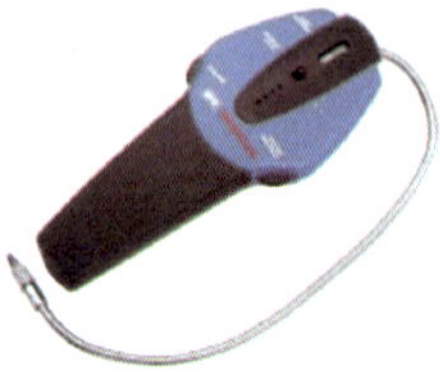 电子检漏仪	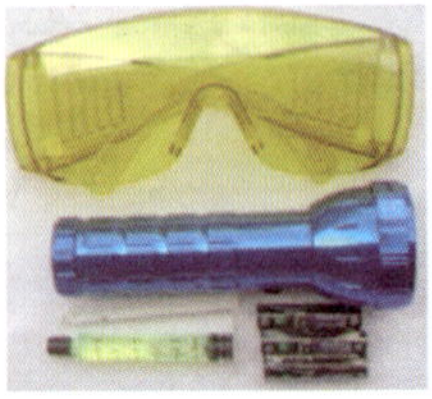 荧光检漏仪	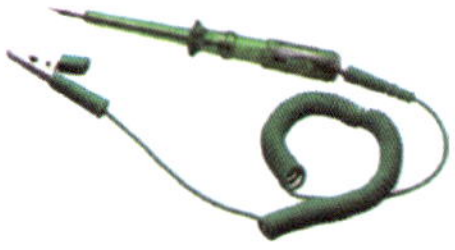 试灯	 诊断仪

二、防护措施

1.进入车间应穿工鞋，戴工帽；工作服应整洁，无破损；操作时不可佩戴手表等金属饰品，以防划伤车辆表面。

2.启动或举升车辆时，应通知其他人员远离车辆或举升机，注意安全。

3.更换后的零配件及油液应按规定进行回收处理。

识别下列操作图片，勾选出操作正确的图片。

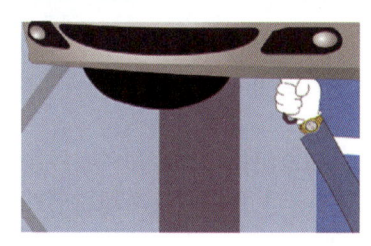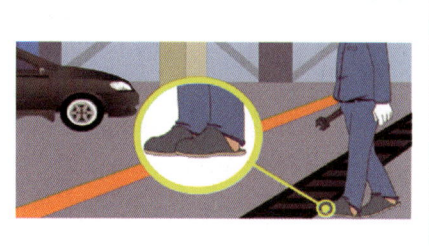

三、任务分配（表 11-1）

表 11-1 任务分配

职务	成员	姓名	工作内容
组长	技师 A		监督、管理组员工作
组员	技师 B		准备实训所需辅料及零配件
	技师 C		
	技师 D		准备实训所需工具及手册
	技师 E		

四、任务实施

（一）操作步骤

为表 11-2 中的操作步骤排序。

表 11-2 冷凝器冷却风扇控制电路检查操作步骤

步骤	项目	工作内容
	安全防护及准备工作	（1）铺设三件套 （2）打开发动机舱盖，铺设翼子板布
	冷却风扇及搭铁线路的检查	（1）首先拔下固定在散热风扇支架上的风扇插接器，断开插接器 （2）使用万用表 200 Ω 电阻挡测量风扇插接器 1 号和 3 号端子之间的电阻，正常应为 0.3 Ω；测量风扇插接器 2 号和 3 号端子之间的电阻，正常应为 0.5 Ω。如果电阻超出范围，则散热风扇已损坏，应对散热风扇进行更换 （3）使用万用表蜂鸣挡测量散热风扇 3 号端子和任意搭铁点是否导通。如果导通，则搭铁正常；否则应对线路进行检查

步骤	项目	工作内容
	拆卸冷却风扇控制单元及线路检查	（1）用 10 mm 套管拆卸冷却液补水壶的2个固定螺栓，用 10 mm 套管拆卸冷却风扇控制单元 2 个固定螺栓，用 13 mm 套管拆卸冷却风扇控制单元固定支架，拆卸冷却风扇控制单元的 2 个插接器 （2）使用万用表 200 Ω 电阻挡检查冷却风扇控制单元 4 脚插头 1 号端子与冷却风扇 1 号端子的电阻，正常应小于 1 Ω；检查冷却风扇控制单元 4 脚插头 2 号端子与冷却风扇 2 号端子的电阻，正常应小于 1 Ω （3）如果以上检查结果都正常，则散热风扇及线路正常，应检查冷却风扇控制单元及线束
	冷却风扇控制单元及线束检查	（1）检查冷却风扇控制单元的熔丝 S42、S19、S03、S38 是否熔断 （2）打开点火开关，使用万用表 20 V 电压挡分别测量 T10/w7、T4z/3、T10/w9、T4z/4 号端子的对地电压，正常应为 12 V 左右 （3）将风扇控制单元插接器装回，启动车辆，打开空调，使用万用表 20 V 电压挡测量冷却风扇插接器 2 号和 3 号端子之间的电压，电压正常应为 14 V 左右。如果不是，则应对冷却风扇控制信号进行检查 （4）从风扇控制单元的 T10w/8 号端子引出一根线，启动车辆，打开空调，使用万用表 20 V 电压挡测量 T10w/8 号端子与蓄电池正极之间的电压，正常应与发电机发出的电压相同，约为 14 V。如果电压不是 14 V，则使用万用表 200 Ω 电阻挡检查风扇控制单元 T10w/8 号端子与发动机控制单元的 T80/42 号端子之间线束的电阻，正常应小于 0.5 Ω。如果电阻正常，则发动机控制单元已损坏；如果电阻过大，则检查线束
	验证故障是否排除	启动发动机，打开空调，观察散热风扇是否运转。如果运转，则故障已排除；否则故障未排除，应继续排除故障
	整理	将车辆恢复原状，撤去翼子板布并关闭发动机舱盖，撤去三件套，整理工具并清理现场

（二）实施记录

根据操作内容及过程，完成表 11-3 的填写。

表 11–3　　　　　　　　　　冷凝器冷却风扇控制电路检查与修理实施记录

		1 号与 3 号端子		2 号与 3 号端子	
	电阻	正常值	测量值	正常值	测量值
冷凝器冷却风扇					
	控制线路	风扇插接器端子	1 号	2 号	3 号
		检测点	T4z/1	T4z/2	任意搭铁点
		测量结果			
冷凝器冷却风扇控制电路	熔丝	S03	S19	S38	S42

冷凝器冷却风扇控制电路	端子电压	T4z/3	T4z/4	T10w/7	T10w/9
	控制线路	T10w/8 号端子对正极电压		T10w/8 号端子与发动机 T80/42 号端子之间电阻	
		正常 □　　无电压 □		正常 □　　过大 □　　断路 □	

五、检查

（一）自检

结合本组任务实施过程，对任务执行过程中的操作规范性进行检查，检查是否存在以下问题，分析、讨论应如何避免并总结规范的操作方法（表 11-4）。

表 11-4　　　　　　　　　　　　　　自检

检查项目	检查结果	
故障是否排除	是 □	否 □
各元件安装、恢复是否到位	是 □	否 □
工具是否整理，现场是否清理	是 □	否 □

（二）互检

小组成员之间相互进行任务操作过程及结果检查，并将检查结果填写在表 11-5 中。

表 11-5　　　　　　　　　　　　　　互检

检查项目	检查结果	
故障是否排除	是 □	否 □
各元件安装、恢复是否到位	是 □	否 □
工具是否整理，现场是否清理	是 □	否 □

六、课堂小结

微课动画　　　实操视频

任务十二 自动空调自诊断

自动空调自诊断任务工单			
客户信息	姓名		电话
车辆信息	车型	VIN	行驶里程
客户描述	空调系统保养 ☐　空调系统不制冷 ☐　压缩机电磁离合器不接合☐ 鼓风机不运转 ☐　鼓风机运转不良 ☐　空调系统机械损坏 ☐ 空调系统制冷效果差☐　冷却风扇不运转 ☐　冷却风扇运转不良 ☐ 制冷剂泄漏 ☐ 其他： ＿＿＿ ＿＿＿ ＿＿＿			

车辆外观检查		车辆内部检查	
凹凸 ☐		污渍 ☐	
划痕 ☐		破损 ☐	
石击 ☐		色斑 ☐	
油漆 ☐		变形 ☐	

明确具体工作任务	＿＿＿＿＿＿＿＿＿＿＿＿＿＿＿＿＿＿＿＿＿＿＿＿＿＿＿＿＿＿＿＿＿＿＿＿＿＿＿ ＿＿＿＿＿＿＿＿＿＿＿＿＿＿＿＿＿＿＿＿＿＿＿＿＿＿＿＿＿＿＿＿＿＿＿＿＿＿＿ ＿＿＿＿＿＿＿＿＿＿＿＿＿＿＿＿＿＿＿＿＿＿＿＿＿＿＿＿＿＿＿＿＿＿＿＿＿＿＿

 ● 能够使用专用诊断仪对空调进行自诊断

 ● 自动空调与手动空调的区别
● 自动空调控制系统的组成
● 自动空调传感器、执行器、控制单元的作用
● 自动空调自诊断方法

 ● 自动空调的组成
● 自动空调传感器、执行器、控制单元的作用
● 自动空调自诊断方法

 ● 自动空调的组成
● 自动空调自诊断方法

一、知识讲解

（一）自动空调

1. 自动空调与手动空调的区别

自动空调与手动空调都是由制冷系统、通风系统、控制系统等组成，不同之处在于自动空调的控制系统采用自动控制手段，利用传感器和电控单元对执行器进行自动操作，从而准确地将驾驶室内的温度控制在设定的温度范围内。

2. 自动空调控制系统的组成

自动空调控制系统主要由传感器、控制单元及执行器组成（图12-1）。自动空调控制单元接收来自电器和电子部件（信息转换器）的信息，并按其特征加以修正，然后输出信号，以控制电器部件（执行控制）完成控制任务。

3. 自动空调传感器的作用

自动空调传感器的主要作用是采集车辆驾驶室内部与外部的温度信息和执行元件的位置反馈信息，以及接收驾驶员或乘坐人员的指令信息。

自动空调控制系统的传感器信号主要有三种：一是驾驶员面板设定的温度信号和功能选择信号；二是驾驶室内温度传感器、车外温度传感器、阳光温度传感器等各种传感器的输入信号；三是空气混合风门的位置反馈信号。自动空调控制系统传感器的安装位置如图12-2所示。

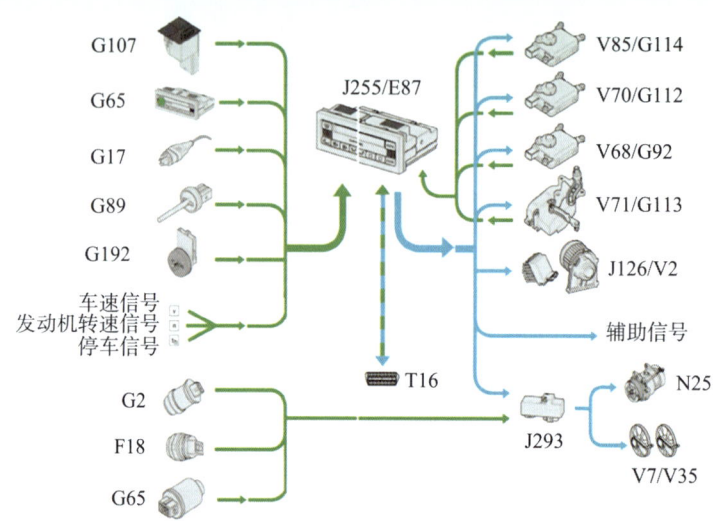

图 12-1　自动空调控制系统的组成

G107—阳光温度传感器；G65—驾驶室内温度传感器；G17—车外温度传感器；G89—新鲜空气进气温度传感器；

G192—脚部出风口温度传感器；G2—发动机水温传感器；F18—双温开关；G65—制冷系统压力传感器；

V85/G114—脚部/除霜伺服电动机及电位计；V70/G112—中央风门伺服电动机及电位计；

V68/G92—温度翻板伺服电动机及电位计；V71/G113—循环风门伺服电动机及电位计；

J126/V2—新鲜空气鼓风机控制单元；N25—压缩机电磁离合器；V7/V35—冷却风扇；

J293—空调控制器；J255/E87—自动空调控制单元及显示单元；T16—自诊断接口

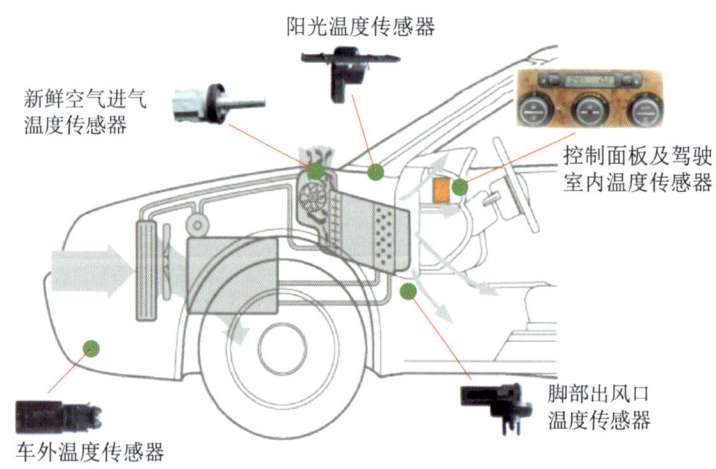

图 12-2　自动空调控制系统传感器的安装位置

4．自动空调执行器的作用

自动空调执行器采用电控伺服电动机进行控制，即通过操作面板向控制单元输入各种指令，控制单元再根据从各传感器收集来的信号，通过计算、分析、比较，发出指令，控制伺服电动机动作，从而按照预设温度控制风门的位置。同时伺服电动机上的电位计会将伺服电动机的开启位置信号反馈至控制单元，从而提高伺服电动机工作的可靠性。自动空调伺服电动机如图12-3所示。

5. 自动空调控制单元的作用

自动空调控制单元（J255）与自动空调操作和显示单元（E87）两者合成一体，不能分解。自动空调控制单元的主要作用是将传感器采集的数据信息进行整理及运算，采用合理的控制方式控制执行器动作，以达到驾驶员设定的室内温度。速腾轿车自动空调控制及显示面板如图12-4所示。

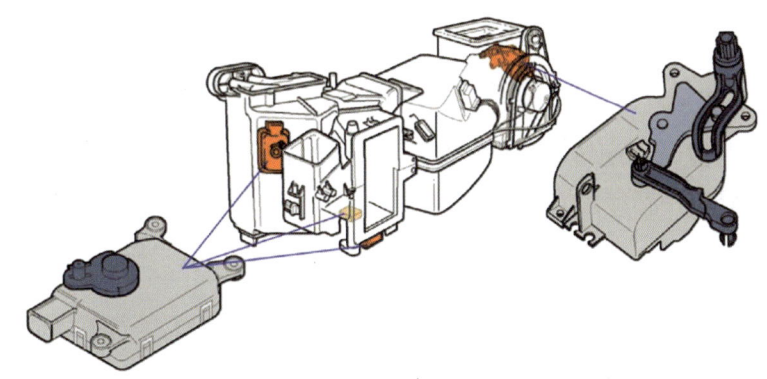

图12-3　自动空调伺服电动机

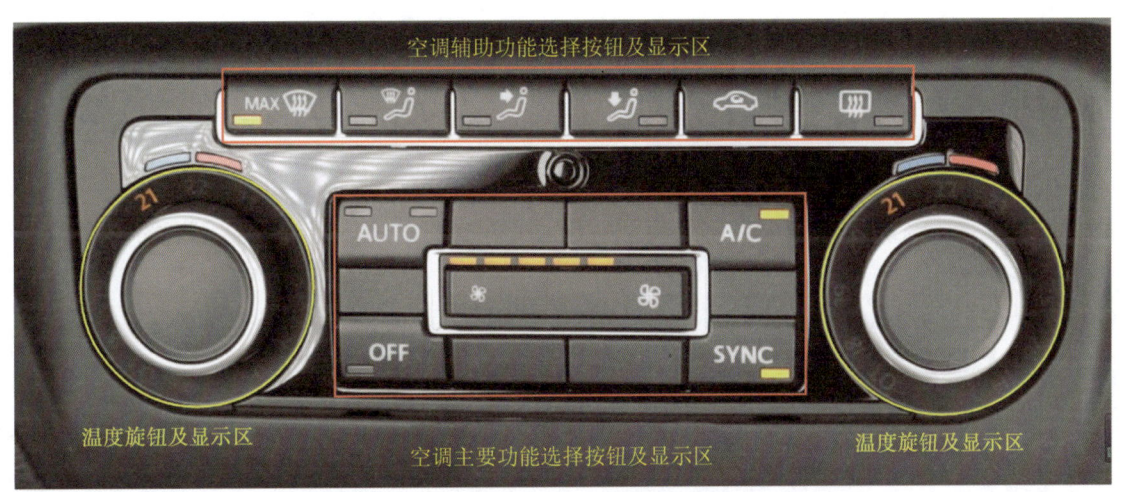

图12-4　速腾轿车自动空调控制及显示面板

自动空调控制单元的另一个重要功能是自诊断。为了能在部件发生故障或导线断路时迅速找到故障原因，控制单元装备了一个故障存储器，如果被监测的传感器或部件发生故障，则这些故障连同它们的故障类型信息将一同存入故障存储器。当故障存储器存储了对空调系统有严重影响的永久性故障时，自动空调控制单元将按空调显示面板的设定温度，以应急模式运行。

当空调系统出现故障时，可以使用汽车诊断设备读出故障，并根据显示的故障信息对故障进行排除。

（二）自动空调自诊断方法

自动空调自诊断需要用到专用的诊断设备，俗称解码器，也叫诊断仪。常见的品牌型号有元征X341、金奔腾KT600等。除此之外，汽车生产厂商还有专用的诊断设备，如大众的5054、1551、1552等型号的诊断设备。

诊断设备对空调系统进行诊断的功能主要有读取/清除故障码、控制单元编码、基本设定、读取数据流、执行元件测试等。

1. 读取/清除故障码

通过读取和清除故障存储器中的内容，帮助维修人员明确维修方向，从而快速对自动空调系统进行修复。

2. 控制单元编码

不同车型或车型相同但硬件配置不同的车辆所需要的控制单元软件不同，因此更换新的控制单元时，为了能够正确将其激活，必须对其进行控制单元编码。

3. 基本设定

当自动空调系统更换控制单元或新的伺服电动机后，需要对系统进行基本设置，帮助控制单元识别执行器的最大和最小行程，以便快速实现精确控制。基本设置完成后需查询并删除故障记忆。

4. 读取数据流

读取数据流可以帮助高级维修人员对自动空调控制系统进行合理分析，从而对其可能存在的故障进行判断。

5. 执行元件测试

执行元件测试是指利用自动空调控制单元直接向执行器发出控制指令，从而通过视觉或听觉判断某一执行器是否存在故障。

二、任务准备

勾选完成本任务所需的物品。

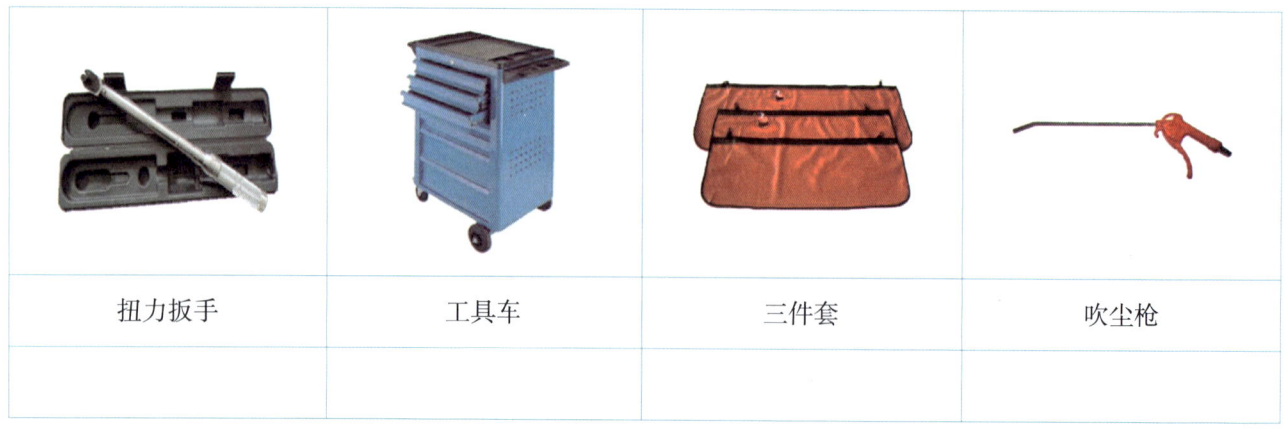

扭力扳手	工具车	三件套	吹尘枪

万用表	工作灯	工具套件	抹布
温度计	工作台	零件车	台虎钳
卡簧钳	歧管压力表	制冷剂加注回收机	真空泵（两用）
电子检漏仪	荧光检漏仪	试灯	诊断仪

三、防护措施

1.进入车间应穿工鞋，戴工帽；工作服应整洁，无破损；操作时不可佩戴手表等金属饰品，以防划伤车辆表面。

2.启动或举升车辆时，应通知其他人员远离车辆或举升机，注意安全。

3.更换后的零配件及油液应按规定回收处理。

识别下列操作图片，勾选出操作正确的图片。

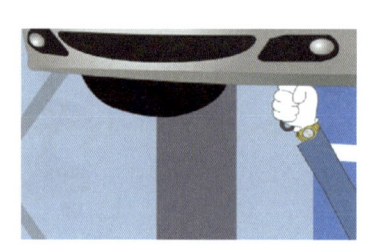

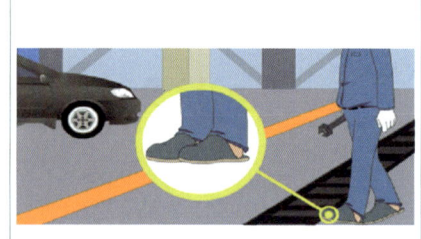

四、任务分配（表12-1）

表12-1　　　　　　　　　　　任务分配

职务	成员	姓名	工作内容
组长	技师A		监督、管理组员工作
组员	技师B		准备实训所需辅料及零配件
	技师C		
	技师D		准备实训所需工具及手册
	技师E		

五、任务实施

（一）操作步骤

为表12-2中的操作步骤排序。

表 12-2 自动空调自诊断操作步骤

步骤	项目	工作内容
	安全防护及准备工作	（1）铺设三件套
	查询故障码	（1）连接诊断接头，打开点火开关，读取空调系统故障码
	按键功能使用及检查	根据以下功能说明，检查各键功能是否正常 （1）挡风玻璃除霜按钮：按下此按钮，指示灯亮起，挡风玻璃除霜功能开启 （2）上部气流分配按钮：按下此按钮，指示灯亮起，气流从上部出风口吹出 （3）中部气流分配按钮：按下此按钮，指示灯亮起，气流从中部出风口吹出 （4）车内温度传感器：用于检测驾驶室内温度 （5）下部气流分配按钮：按下此按钮，指示灯亮起，气流从下部出风口吹出 （6）循环空气按钮：打开空调，按下此按钮，指示灯亮起，空气只在车辆内部流通；再次按下此按钮，指示灯熄灭，新鲜空气从车外流入车内 （7）后风窗加热装置按钮：按下此按钮，指示灯亮起，后风窗加热功能开启；再次按下此按钮，指示灯熄灭，后风窗加热功能关闭 （8）右侧车内温度旋钮：旋转此旋钮，调节车内右区温度 （9）A/C按钮：操作此按钮，打开和关闭制冷运行模式；按键后指示灯亮起，空调压缩机开启 （10）SYNC按钮（双区同步温控按钮）：打开空调，按下此按钮，指示灯亮起，实现左右双区空调同时设定相同温度；再次按下此按钮，指示灯熄灭，实现左右双区空调独立设定不同温度 （11）鼓风机调节器按钮：短促按压此按钮，改变鼓风机的转速挡 （12）OFF（关闭）按钮：按下此按钮，自动空调关闭；再次按下此按钮，自动空调开启 （13）AUTO（自动）按钮：按下此按钮，自动空调自动保持所选车内温度。此时出风温度、鼓风机转速和空气分配会自动变化 （14）左侧车内温度旋钮：旋转此旋钮，调节车内左区温度
	整理	（1）空调功能检查完毕后，撤去三件套，将车辆恢复原状

（二）实施记录

根据操作内容及过程，填写表12-3。

表 12-3 自动空调自诊断实施记录

空调系统	辅助功能	除霜模式		面部/除霜模式		面部出风模式	
		正常 □ 故障 □		正常 □ 故障 □		正常 □ 故障 □	
		脚部出风模式		室内外循环		后部除霜	
		正常 □ 故障 □		正常 □ 故障 □		正常 □ 故障 □	
	主要功能	A/C 开关		鼓风机风量调节		关闭	
		正常 □ 故障 □		正常 □ 故障 □		正常 □ 故障 □	
		左右分区温度调节		左侧温度调节		右侧温度调节	
		正常 □ 故障 □		正常 □ 故障 □		正常 □ 故障 □	
	温度	设定温度			实测温度		

续表

系统自诊断	有无故障码	故障码内容
	有 □　　无 □	

六、检查

（一）自检

结合本组任务实施过程，对任务执行过程中的操作规范性进行检查，检查是否存在以下问题，分析、讨论应如何避免并总结规范的操作方法（表12-4）。

表 12-4　　　　　　　　　　　　　　　　　自检

检查项目	检查结果	
自诊断内容是否有遗漏	是 □	否 □
自诊断结果是否有异常	是 □	否 □
工具是否整理，现场是否清理	是 □	否 □

（二）互检

小组成员之间相互进行任务操作过程及结果检查，并将检查结果填写在表12-5中。

表 12-5　　　　　　　　　　　　　　　　　互检

检查项目	检查结果	
自诊断内容是否有遗漏	是 □	否 □
自诊断结果是否有异常	是 □	否 □
工具是否整理，现场是否清理	是 □	否 □

七、课堂小结

微课动画

实操视频